EL VIAJE INTERIOR

DALAI LAMA

PACIFICAR LA MENTE

Meditación sobre las Cuatro Nobles Verdades del Buda

ONIRO

Colección dirigida por Carlo Frabetti

Título original: *Pacifier l'esprit*
Publicado en francés por Éditions Albin Michel, France

Traducción de Nuria Martí

Diseño de cubierta: Víctor Viano

Fotografía de cubierta: Alison Wright / Agencia Cover

Distribución exclusiva:
Ediciones Paidós Ibérica, S.A.
Mariano Cubí 92 – 08021 Barcelona – España
Editorial Paidós, S.A.I.C.F.
Defensa 599 – 1065 Buenos Aires – Argentina
Editorial Paidós Mexicana, S.A.
Rubén Darío 118, col. Moderna – 03510 México D.F. – México

ISBN: 84-95456-06-0
Depósito legal: B-8.214-2000

Impreso en Hurope, S.L.
Lima, 3 bis – 08030 Barcelona

Impreso en España – *Printed in Spain*

Índice

Agradecimientos y homenajes

¡Rindo homenaje a Manjusri, en la flor de la juventud!

Esta obra se compone de ocho conferencias que Su Santidad el XIV Dalai Lama impartió los días 26, 27, 28 y 29 de abril de 1997, en el Instituto Karma Ling, cerca de Arvillard, en Saboya, y de siete series de preguntas con sus correspondientes respuestas.

Jigmé Khyentsé Rimpoché no sólo ha transcrito las conferencias y las preguntas y respuestas que han sido traducidas y anotadas en su integridad, sino que no ha dejado de ayudar al traductor: se lo agradecemos profundamente, así como la ayuda que Kusho Lhagdor y Matthieu Ricard han ofrecido.

Rendimos homenaje a este Océano Detentor de las Enseñanzas, el propio Avalokitésvara, que a través de la extraordinaria flexibilidad de su cuerpo y de su mente disuelve la resistencia al bien. ¡Que la magia de sus palabras calme nuestra angustia! ¡Que viva tanto tiempo como las montañas y los ríos!

26 de abril, 1997, mañana

CONFERENCIA

Introducción. Necesidad de reformar la mente. La paz de la mente, condición necesaria para alcanzar la felicidad. El adiestramiento de la mente se inicia a través de la meditación analítica. Peligros de la conversión irreflexiva.

Los tres «vehículos» de la Iluminación. Los tres ciclos de enseñanzas del Iluminado: las Cuatro Nobles Verdades, la vacuidad y la clara luz. Diferencia entre las enseñanzas de sentido provisional y las de sentido definitivo. Diferencias metodológicas y gnoseológicas.

Las Cuatro Nobles Verdades no son sólo un artículo de fe, sino que responden a una necesidad lógica. La necesidad de las Cuatro Verdades. Las nobles verdades del sufrimiento y del origen del sufrimiento.

Las Dos Verdades fundamentales. La verdad relativa describe las convenciones de la apariencia; la verdad absoluta, el modo real de todas y cada una de las cosas. Imposibilidad lógica de la existencia objetiva de cualquier realidad. El modo real de cualquier fenómeno es la vacuidad: así lo afirma la definición mâdhyamika-prasángika de la tercera noble verdad, la verdad de la cesación.

El conocimiento de las Dos Verdades fundamentales disminuye el sufrimiento y hace posible liberarse de él.

Señor alcalde, hermanos y hermanas, amigos y amigas que habéis acudido de manera tan numerosa:

Quisiera deciros cuánto me alegra tener esta ocasión de encontrarnos para intercambiar algunas palabras y, al propio tiempo, quisiera agradecer al señor alcalde su discurso de bienvenida. Los que han organizado este encuentro lo han hecho realmente sin omitir detalle, y se lo agradezco. Los preparativos no han estado desprovistos de dificultades, pero en ningún momento habéis llevado a cabo la tarea a regañadientes, y me siento muy feliz por ello.

A partir de hoy nos reuniremos en ocho ocasiones para hablar del Dharma. Os presentaré el budismo esencialmente a partir de las Cuatro Nobles Verdades, y lo haré como si ya nos uniera un vínculo espiritual, tal como lo hago siempre al dar una conferencia para presentar el budismo. Y, como conclusión, haremos el voto de la mente de Iluminación, lo más importante para los budistas, que como es natural establecerá un vínculo espiritual entre nosotros. Estoy muy contento de que hayáis acudido tantas personas interesadas por este acontecimiento.

¿Por qué nos hemos reunido hoy aquí? No ha sido para tratar ningún asunto ni para asistir a un espectáculo. Hoy, lo importante, es escuchar una conferencia budista. ¿Con qué propósito? Yo diría que para reformar la mente. ¿Qué es necesario reformar de la mente?

De manera general, todos los animales que tienen la sensación de tener un «yo», evitan el sufrimiento y buscan la felicidad de forma natural. Los animales hacen todo lo posible, cada uno según su capacidad, para evitar el sufrimiento y alcanzar el bienestar. Todas las especies animales, incluso los animálculos más ínfimos, persiguen evitar el sufrimiento y encontrar el bienestar, y en este marco cada uno sigue su camino luchando para sobrevivir.

Cuando en las enseñanzas budistas se mencionan «todos los seres animados», se hace referencia a todos aquellos seres que de manera innata rechazan el sufrimiento y buscan la felicidad. Pero el hombre, de entre todas las especies del reino animal, es el que mayor capacidad tiene para discernir entre el bien y el mal. Creo, pues, que es en el seno de la sociedad humana donde el discernimiento espiritual se manifiesta con mayor fuerza, donde la fe religiosa ha despuntado. Las visiones, filosofías y teorías espirituales han nacido de la sociedad humana.

El ser humano tiene tantas tecnologías y ciencias gracias a su poder de discernimiento, pero lo utiliza con la motivación de buscar la felicidad y evitar el sufrimiento; y cada vez, a causa de este discernimiento, recibe un nuevo suplemento de problemas y sufrimientos.

Los otros animales experimentan todo tipo de sensaciones causadas por el discernimiento, pero el hombre es el único que puede pensar no sólo en la felicidad y el sufrimiento del presente, sino también del futuro. Como todo depende del poder del discernimiento, el hombre, que está tan bien provisto de él, piensa mucho en el futuro, y su mente no deja de recordar las largas historias del pasado. El resto de animales no tiene esta capacidad. Y por ello surgen las esperanzas y temores, que creo que las otras especies animales no poseen.

Sólo estoy hablando de lo que todos podemos ver en este planeta, no he dicho nada acerca de los dioses, los dragones ni los comedores de perfumes.[1] Las cosas son más complejas si tenemos en cuenta los tres mundos, las seis clases de seres o los cuatro nacimientos[2] nombrados en los textos budistas. Existen muchos otros seres distintos dotados también de discernimiento. En pocas palabras, el discernimiento humano es algo positivo y muy poderoso, a punto siempre de hacernos sufrir un poco más.

Cuando los animales tienen la barriga llena y la temperatura adecuada, se relajan y permanecen tranquilos. En cambio nosotros, los seres humanos, aunque tengamos todas las circunstancias exteriores favorables, somos los que experimentamos la mayor infelicidad a causa de nuestras esperanzas y temores. Cada vez que el discernimiento humano debe intervenir, aunque sea distinto para cada persona, el «hombre» es el ser que experimenta el desasosiego más intenso, así como el mayor número de esperanzas y temores. Pero no es eso todo. En este planeta, el más encarnizado destructor es, en primer lugar, el hombre. Casi podría decirse que si el ser humano no existiera en el planeta se disfrutaría de mucha más paz, y creo que el medio ambiente estaría en mejores condiciones.

Si el hombre no existiera, los peces y los otros innumerables animales sensibles al placer y al dolor que viven en este planeta no padecerían el doloroso sufrimiento de ser explotados por él. Quienes explotan a los animales consideran que su vida no es tan valiosa como la humana. Pretenden que si el hombre no existiera la vida animal se reduciría. Sin él los animales no harían más que devorarse unos a otros... Pero ¿no sería esto un modo de mantener el equilibrio natural? Pensándolo bien, ¿no sería preferible desear la desaparición del ser humano?

No obstante, todos los seres vivos, sean los que sean, pueden llegar a amarse unos a otros. De modo que los hombres tienen la capacidad de amarse entre ellos e interesarse por los demás. Este interés de que el hombre es capaz procede de su facultad de discernir, la cual le permite desarrollar su sentido de altruismo. ¿Pero es sólo el hombre capaz de ello? En los animales el altruismo, por pequeño que sea, aporta sus beneficios a unos y otros. Entre los animales sociales, sin embargo, el altruismo infinito es un atributo exclusivo del hombre, a un animal le resultaría muy difícil manifestarlo.

Pero podemos observarlo desde otro ángulo. La vida, nuestra propia existencia, no está destinada a la destrucción. Pero nuestra existencia, toda nuestra vida ¿no se reduce a una «existencia destinada a la destrucción»? En absoluto. No existimos para destruir, ni tampoco para sufrir. ¿No os parece que más bien depende de nosotros que nuestra vida sea constructiva o, por el contrario, destructiva?

Como el hombre está dotado de una capacidad de discernimiento tan profunda, si pudiéramos rodearnos de amigos leales, nuestra vida tendría significado, sería constructiva. De ahí que para nosotros sea importante reformar nuestra mente examinándolo todo detenidamente. Debemos desarrollar su bondad y utilidad, fortalecerla disminuyendo sus aspectos nocivos. ¿Acaso no es lo más importante?

Sin duda podemos preguntarnos qué se entiende por el «bien» y el «mal». El sufrimiento indica algo «malo». ¿Qué es? Lo indeseable. El sufrimiento es una fuente de disgustos, por tanto, se lo considera un «mal». Lo que deseamos, lo que queremos es la felicidad; por tanto, será nuestro «bien». Distinguimos los buenos y los malos efectos, los agradables y los desagradables, según sus respectivas causas: el «mal» es causa de sufrimiento, en cambio el «bien» es causa de bienestar y de todo aquello que es realmente útil.

Tras reformar la mente nuestros pensamientos negativos disminuyen y los positivos aumentan. De ese modo, cada vez padeceremos menos el malestar del sufrimiento y seremos más felices.

Al margen de que tengamos o no una creencia religiosa,

ninguno de nosotros quiere sufrir, todos deseamos únicamente ser felices. Debemos, pues, admirar las cualidades positivas de nuestra mente reconociendo los inconvenientes de sus defectos por lo que son; se trata de algo muy importante.

Todos nos parecemos, somos seres humanos sin ninguna diferencia fundamental. Tenemos diferentes culturas y creencias religiosas, somos de distintas razas, vivimos de distintas maneras y poseemos diferentes orígenes familiares. Pero independientemente de haber recibido o no una educación, de ser pobres o ricos, todos tenemos el mismo potencial, el potencial de hacer tanto el bien como el mal. De modo que es importante reconocer el potencial negativo y positivo que tenemos.

Han pasado muchos años desde que recibimos las primeras enseñanzas. El tiempo no cesa de transcurrir, nunca se para. Ningún poder, ninguna fuerza puede detener el paso del tiempo. ¿Qué debemos, pues, hacer? Depende sólo de nosotros utilizar nuestro tiempo bien o mal.

Ahora cada uno debe reflexionar sobre ello. Si tenemos la sensación de no haber perdido el tiempo, nos alegraremos. Pero si las cosas han sido muy difíciles, si hemos estado constantemente ocupados, nos preguntaremos de qué nos ha servido, si realmente era necesario. Si es así, desearemos recuperar el tiempo perdido. ¿No os parece curioso?

El propósito esencial de la vida humana ¿es conseguir ser rico y célebre? El dinero es importante; la fama generalmente también lo es, no cabe duda. Pero entre las personas famosas, con dinero y bienes, incluso con grandes riquezas, hemos visto a más de una ahogada en preocupaciones. En cambio otras no tienen dinero ni fama, ¿os habéis fijado? Desde el punto de vista material parecen muy desgraciadas, pero por lo visto gozan de una mente serena. Algunas personas sin problemas de dinero deben tomar siempre medicinas, en cambio otras que no gozan de ninguna facilidad material, se sienten físicamente bien y no necesitan tomar medicamentos.

¿Cuál es su secreto? Cuando en la mente reina la paz, siempre se está contento, aunque las condiciones exteriores disten mucho de ser las más favorables. El cuerpo puede disponer de medios para estar sano, pero si la mente no goza de paz, es imposible ser feliz, aunque se viva rodeado de las mejores condiciones.

En tal caso, ¿dónde está el secreto? En la paz de la mente. ¿La hallaremos después de formular el voto? Lo dudo mucho. El mero hecho de formularlo no puede dárnosla. Sabéis muy bien que el dinero no se gana sólo deseándolo, sino que debemos trabajar para ganarlo. Del mismo modo, la paz es una riqueza del espíritu, y esta riqueza no se adquiere sólo formulando un voto. Aunque vayáis a unos grandes almacenes de París, o incluso de Nueva York, nadie os podrá vender la paz interior.

Ciertas comunidades religiosas pretenden que su religión les permite alcanzar en seguida la paz interior. ¿Pero cómo es posible? Yo sólo conozco lo que he estudiado a fondo, pero al oír que puede alcanzarse cierto grado de paz interior en un santiamén, siento escepticismo. Es como si pidierais a vuestro médico que os diera una inyección de paz interior, se reiría ante vuestras narices.

Cuando la mente abrumada por los pensamientos lo ve todo negro, sólo hay que tomar una medicina, un tranquilizante que nos atonte un poco y que nos impida pensar. Pero resulta un tratamiento muy limitado. Sin embargo, lo que la ayuda de los medicamentos no puede proporcionarnos es una mente perfectamente clara, con toda su capacidad para analizar los conceptos del bien y del mal, y además plenamente serena.

Creo que la paz interior sólo puede alcanzarse a través del adiestramiento de la mente. ¿Pero qué tipo de adiestramiento? A mi modo de ver la meditación analítica es el mejor, aunque no me refiero sólo a la meditación de la concentración. Examinar nuestras virtudes y defectos producirá en nuestra mente un cambio progresivo de visión y de actitud.

Por ejemplo, la enfermedad, la vejez y la muerte —las nuestras y las de nuestros amigos— nos causan sufrimiento. Sin duda estos eventos que nos hacen sufrir son realmente lamentables, pero todo depende de nuestro estado mental. Pongamos por caso la muerte. Si la veis como algo imposible o inaceptable, cuando os llegue resultará una experiencia insoportable. Pero si aceptamos que la muerte forma parte de la vida, que nos ocurrirá a todos, que es inseparable de la vida misma, cuando nos llegue el momento seremos capaces de afrontarla mucho mejor.

Para reflexionar sobre ello de modo más preciso vamos a intentar observar emociones como el odio, los celos o el deseo que albergamos. En el instante que surgen estos pensamientos experimentamos, sin duda, cierta inquietud. En cambio, cuando tenemos pensamientos de amor, ternura y comprensión nos sentimos llenos de valor y fuerza interior.

¿Para qué sirven esta clase de observaciones? ¿Qué daño pueden hacernos? Al igual que hemos examinado detenidamente el mundo material exterior, es importante examinar los diferentes estados de nuestra mente. Este tipo de ejercicio que denomino «meditación analítica», es el adiestramiento mental más indicado para alcanzar la paz interior, una mente serena, y es algo que incumbe a toda la humanidad, tanto a los que son creyentes como a los que no lo son.

Ésa es la transición que necesitaba para tratar el problema de la creencia religiosa. Cuando el hombre debe enfrentarse a un grave problema, cuando se ve privado de sus competencias, desesperado, abandonado, la fe le es de gran ayuda, le da esperanzas. En este planeta existe un gran número de creencias religiosas, de numerosos puntos de vista y sistemas filosófico-religiosos incompatibles que, sin embargo, tienen un punto en común, todos tienen su utilidad y se adaptan a los diferentes tipos de constitución y aspiraciones que existen entre la gente.

Más tarde evocaré el diálogo interreligioso, pero por ahora es necesario hablar del budismo. Siempre siento cierto reparo al explicar el budismo a personas que no proceden de familias budistas ni viven en países tradicionalmente budistas. En general, es mejor seguir la tradición religiosa de nuestros antepasados porque aporta unos resultados más sólidos. Al cambiar de religión se corre el riesgo de convertirse en un inadaptado, ya que al no asimilar bien la nueva creencia ni la antigua, uno se encuentra atrapado en una doble contradicción. Respetar las tradiciones ancestrales es una garantía de estabilidad. Pero en algunos casos cambiar de religión puede ser uno de los acontecimientos más favorables.

Por ejemplo, en el Tíbet puede decirse que todo el mundo es budista. Pero durante tres o cuatro siglos, algunos budistas se convirtieron al islamismo. Asimismo, en el siglo XX, otros se han hecho cristianos. En los países judeo-cristianos, donde el cristianismo se ha extendido de manera general, se observa sin duda una especie de despertar hacia el budismo. Si después de examinar a fondo la situación y reflexionar detenidamente sobre ello, uno llega a la conclusión de que el budismo le conviene y de que está perfectamente adaptado para ello, es una creencia religiosa que procede de las aspiraciones del individuo. En tal caso no hay ningún inconveniente en practicar el budismo. Y menos aún si nunca se ha tenido una creencia religiosa; al apreciar las explicaciones de los budistas sólo es preciso estudiarlas.

Sin embargo, cuando un individuo ha visto hasta qué punto puede convenirle la tradición budista, no es bueno criticar la religión de sus antepasados, tanto si se trata del budismo como de otra religión. Evitar hacerlo es muy importante. Quienes habéis acudido hoy aquí, reflexionad por vuestra parte, y si os decidís por el budismo, será una situación especial. Pero mi intención no es en absoluto la de abogar por él.

Por lo general, la «conversión» no es buena en sí misma, es una fuente de conflictos. En Mongolia, por lo visto hay cristianos que «convierten». Me he interesado por el tema pero no he visto que aporte nada positivo. Y si no puedo apreciar las conversiones que este tipo de «cristianos» hacen con los budistas, pienso que tampoco conviene hacer conversiones en los países cristianos.

A nivel individual es muy distinto. Por ejemplo, sin duda el budismo es lo mejor para mí, pero esto no significa que el budismo sea lo mejor para todo el mundo. Es evidente. Para el cristiano practicante lo mejor es el cristianismo, pero no quiere decir que el cristianismo sea lo mejor para todo el mundo.

Sin embargo, es esencial conocer las similitudes existentes entre las distintas religiones. Por una parte, tiene la virtud de ensanchar la mente alejando los riesgos del fanatismo. Por otra, al adoptar para la práctica individual las técnicas mejor adaptadas de otras tradiciones religiosas, es posible efectuar una especie de estudio mutuo.

A continuación presentaré el origen del Dharma[3] tal como suelo explicarlo.

Fue en la ciudad santa de Benarés[4] donde el Instructor lleno de bondad, experto en los métodos hábiles y rebosante de gran compasión predicó el Dharma por primera vez: puso en movimiento la rueda del Dharma por primera vez enseñando las Cuatro Nobles Verdades a los «Cinco Buenos Ascetas».[5] Es así como el budismo comenzó. Así pues, creo que debo empezar ofreciendo una breve explicación sobre las Cuatro Nobles Verdades.

Como ya sabéis, normalmente se explica que hay dos «vehículos»:[6] el Pequeño y el Gran Vehículo, denominados también Vehículo de los Oyentes[7] y de los Iluminados solitarios,[8] [estado de «Buda (sólo) para sí»] y el Vehículo de los bodhisatvas.[9] El Gran Vehículo se divide a su vez en el Gran Vehículo de los Sutras, y el Gran Vehículo de los Tantras.[10] El sistema de las Cuatro Nobles Verdades, que forma la estructura de base de todos los budistas, sigue necesariamente esta división en dos vehículos.

La práctica de la senda, tal como se enseña en los textos del vehículo inferior, constituye la base de las enseñanzas de Buda. Sin esta base, habría sido muy difícil que un «gran» vehículo hubiera podido surgir por sí solo. Cuando, en el seno del budismo, los seguidores del Gran Vehículo juzgan inferior una enseñanza bajo el pretexto de que pertenece al Pequeño Vehículo o, a la inversa, cuando los seguidores del Pequeño Vehículo dudan de que el Gran Vehículo provenga realmente de Buda, se debe a que ignoran lo esencial, y es un grave error. Sin las prácticas asociadas a las Cuatro Nobles Verdades sobre la senda de los treinta y siete auxiliares de la Iluminación[11] enseñadas en los textos del Pequeño Vehículo, es imposible alcanzar la auténtica práctica de la mente de Iluminación del Gran Vehículo, basado en la bondad y la compasión. Me estoy refiriendo a una gran compasión.

En el Tíbet ocurrió lo mismo entre el Gran Vehículo de los Tantras y el Gran Vehículo de las Trascendencias.[12] Los seguidores de las virtudes trascendentes no miraban con buenos ojos los tantras. Y por su parte, los seguidores de los tantras, por lo general, apenas valoraban el Vehículo de las Trascendencias, y en especial la disciplina. Pero esta actitud es un error, es una gran equivocación.

Los vehículos se dividen en el Pequeño Vehículo, el Gran Vehículo de las Trascendencias y el Gran Vehículo de los Tantras. Aunque sea posible alcanzar fácilmente los frutos de los vehículos más humildes siguiendo sus prácticas, si no se dominan las prácticas «inferiores» es, en cambio, imposible alcanzar los frutos de los vehículos más elevados. ¿Por qué? Porque dentro de los tres vehículos, el primero constituye la base sobre la que los restantes se asientan. Entre las enseñanzas de Buda conservadas íntegramente en el Tíbet, el país de las Nieves, se hallan las aproximaciones del Pequeño y el Gran Vehículo, incluido el conjunto de los tantras. Para mí es un hecho excepcional, primordial y perfecto.

Los sistemas filosóficos del Gran Vehículo presentan las mismas enseñanzas de Buda contenidas en los textos del Pequeño Vehículo, pero ampliadas al profundizar más. Así pues, en los textos del Pequeño Vehículo, Sakiamuni[13] era tan sólo nuestro instructor, el cual en la primera parte de su vida fue un ser, un bodhisatva ordinario. Más tarde, en el Trono del Diamante,[14] decidió seguir la senda de la unión[15] y se convirtió en un buda auténtico y perfecto al emerger del recogimiento parecido a un diamante[16] o senda de la cesación. Fue más tarde, en la segunda parte de su vida, cuando llegó a convertirse en un buda. Sea lo que fuere, en este caso se trata de lo que se denomina un «cuerpo supremo de aparición»,[17] y no de los otros «cuerpos» de Buda. En cambio, en el Gran Vehículo, prevalece el sistema de los tres o cuatro cuerpos de Buda.[18]

En el Gran Vehículo de las Trascendencias, el Buda enseña

el sistema de los cuatro cuerpos. Y en los Tantras explicará cómo se alcanzan. Asimismo, al enseñar las distintas sendas y las meditaciones propias de cada una, el Buda no se limitó a la senda de los treinta y siete auxiliares de la Iluminación ni, sobre todo, a la senda de la inexistencia del sí mismo individual.[19]

Con la aparición del Gran Vehículo, el ciclo de la insustancialidad[20] universal adquirió toda su amplitud. Todas las teorías, como el sistema de las diez tierras,[21] no cesaron de ampliarse. En el Vehículo de las Trascendencias, el Buda enseñó la práctica de las seis virtudes trascendentes y al hacerlo, declaró que era preciso seguir la senda uniendo los métodos con el conocimiento.[22] En los tantras se enseña algo eminentemente sublime: la unión extraordinaria de los métodos y el conocimiento.

Así pues, después de profundizar y ampliar[23] sus enseñanzas sobre las Cuatro Verdades, el Buda puso en movimiento, en el Pico del Buitre, la rueda del Dharma intermediaria, la del Gran Vehículo.[24] Fue entonces cuando pronunció los sutras del Conocimiento Trascendente.[25] En ellos el Buda estudia minuciosamente la noble verdad de la cesación que había enseñado junto con las otras tres verdades en Benarés.

Después, en el tercer ciclo de sus enseñanzas, ofreció una variedad particular de sutras, que a semejanza de los sutras principales expuestos en la *Continuidad más elevada,*[26] como el *Sutra del potencial de Buda,*[27] tratan exclusivamente de la clara luz natural de la mente.[28]

En resumen, para poder alcanzar la suprema comprensión intelectual, era conveniente manifestar la verdad de la senda, denominada también «sublime sabiduría»;[29] sólo a partir de ese momento la mente podía alcanzar un estado supremo totalmente libre de los dos velos[30] y, en el último ciclo de enseñanzas, al pronunciar textos tales como los sutras principales en los que se establece la *Continuidad más elevada,* el Buda enseñó el punto supremo según el cual la naturaleza de la mente es la clara luz, ése es el real sentido de esta clase de textos, aunque ciertos sutras del último ciclo utilicen un lenguaje distinto.

Lo que el Buda había enseñado al principio ahora se exponía con mayor claridad y profundidad. Más tarde, en el Gran Vehículo de los Tantras, enseñó cosas extraordinarias como la práctica viva de la «clara luz natural de la mente». Fue en esta ocasión que enseñó la profundidad y la inmensidad últimas. ¿Pero el hecho de profundizar y ampliar lo que había enseñado en un principio fue un lujo o un refinamiento natural? No. Si el Buda se hubiera limitado a ofrecer sólo sus primeras enseñanzas, hubiera cometido un error, puesto que habrían llevado consigo el fallo de ir contra la lógica.

Lo repito de nuevo, las enseñanzas posteriores de Buda son más profundas y claras que las primeras. Pero el hecho de haberlas profundizado y esclarecido ¿fue una digresión, un lujo que no era indispensable? No lo creo así, porque por lógica las enseñanzas de Buda no pueden limitarse únicamente a las primeras que impartió.

El Buda, el Señor, nuestro guía, el León de los sakias,[31] vivió en el palacio real hasta la edad de veintinueve años. Después practicó el ascetismo durante seis años, y hacia los treinta y seis logró la proeza de iluminarse y alcanzar la budeidad auténtica y perfecta. Durante los cuarenta años que siguieron a su Iluminación, actuó en beneficio de los demás. Ahora bien, la causa de todos estos acontecimientos la había preparado acumulando méritos y conocimiento durante tres grandes kalpas[32] inmensos. ¿Pero no es desproporcionado que una causa elaborada durante tres grandes kalpas inmensos produzca un efecto que tan sólo dure cuarenta años? Esta causa, procedente de una acumulación inmensa,[33] sólo tuvo ese breve efecto y no aportó ningún otro gozo.

Por otro lado, deben alcanzarse tres estados sublimes: el estado de Arhat de los Oyentes, el estado de Arhat de los Iluminados solitarios y el estado de Buda. Si, dejando a un lado el tiempo que exigirán las acumulaciones, uno practica los treinta y siete auxiliares de la Iluminación que constituyen la senda que conduce a esos tres estados, se seguirá por fuerza la misma senda de la meditación principal. Pero en tal caso ¿cómo es posible que la misma causa produzca tres efectos distintos? Es más bien desconcertante.

El hecho de que en la Iluminación de los Oyentes y de los Iluminados solitarios sólo se disipe el velo emocional, mientras que en la Gran Iluminación se disipan además y totalmente las tinieblas de la ignorancia no emocional, ¿no demuestra que hay un fruto sublime y dos inferiores a él? La causa se resume en los treinta y siete auxiliares de la Iluminación, y aunque se acumulasen méritos y sabiduría durante tres vidas, cien kalpas o tres grandes kalpas inmensos, la realización resultante no sólo es un efecto de la duración necesaria para lograr las acumulaciones; si la diferencia no se debiera a la *profundidad* de las sendas seguidas, sería ciertamente desconcertante el hecho de haber unos resultados más elevados que otros.

El Buda ofreció muchas enseñanzas sobre la insustancialidad sutil y burda, el tema de meditación de la Cesta[34] de los bodhisatvas, o de los sutras del Gran Vehículo; y enseñó como métodos la generosidad y una serie de vastas prácticas. Así pues, del mismo modo que el resultado o fruto puede ser más o menos elevado, las sendas son grandes o pequeñas.

Por otro lado, desde el punto de vista del Gran Vehículo

de los Tantras, la senda de la unión de los métodos y el conocimiento, en la que se apoyan mutuamente, tal como enseña el Gran Vehículo de los Sutras, no es suficiente para alcanzar el cuerpo absoluto y el cuerpo formal.[35] ¿Por qué? Porque el cuerpo absoluto y el cuerpo formal de la fase resultante[36] tienen la misma esencia. Por esa razón, como su causa efectiva completa, la causa última, no es la inseparabilidad de los métodos y del conocimiento, es difícil que al unir los métodos y un conocimiento en esencia distintos pueda alcanzarse un resultado inconcebible como el cuerpo absoluto y el cuerpo formal, que en esencia son inseparables. En seguida se observa que es imposible.

Si en los textos del Gran Vehículo se expone el sistema de los cuatro cuerpos, en el Vehículo Adamantino de las Fórmulas Secretas[37] se presenta la inmensa senda de los métodos y el conocimiento que permite alcanzarlos; lo que se enseña es el punto esencial de la inseparabilidad de los métodos y el conocimiento, y esta enseñanza da una extraordinaria confianza en la teoría de los cuatro cuerpos.

En tal caso podría afirmarse que las enseñanzas anteriores y posteriores de Buda se contradicen. Pero no es así. Debemos tener en cuenta que sobre todo en los sistemas del Gran Vehículo, las declaraciones del Tathâgata no deben tomarse literalmente, ya que pueden ser provisionales o definitivas. Las declaraciones definitivas pueden tomarse literalmente, pero las provisionales no.

Profundicemos en este punto. La declaración de Buda no se juzga si es de carácter definitivo o provisional sólo a partir de su formulación, de la letra, sino que, en esencia, lo que debe considerarse es el significado, el espíritu. Por tanto, los textos que muestran la realidad absoluta se denominarán *sutras de sentido definitivo*, y los textos en los que sea necesario interpretar el contenido se denominarán *sutras de sentido provisional.*

Pero ¿a qué se denomina «sentido definitivo» y «sentido provisional? La verdad relativa y la verdad absoluta se explican respectivamente en función del sentido provisional y el sentido definitivo. De todos modos, el sentido definitivo se considera la verdad absoluta, y la «verdad absoluta» es el modo[38] último real de cualquier cosa. Esta constitución última denominada «talidad»[39] es la verdad absoluta, y designa la realidad última de cualquier cosa, sea la que fuere. Cuando no puede ser «llevada»[40] a ningún otro lugar, en ese caso es absoluta o última. Éste es el sentido definitivo de las palabras de Buda. Por consiguiente, se denominan sutras de sentido definitivo los que muestran ante todo la verdad absoluta.

La verdad relativa y los textos de sentido provisional presentan la riqueza y la variedad de las mil y una metamorfosis de la apariencia de tan gran colorido. Pero no es suficiente para exponer el modo último de la existencia de cada cosa. Pueden tomarse al pie de la letra las declaraciones inspiradas de las diversas percepciones relativas de cada una. Por ejemplo, la mente de Iluminación,[41] que es bondad y compasión, o incluso la causalidad kármica,[42] deben tomarse literalmente. Sin embargo, todo cuanto se enseña recurriendo a diversas categorías que establecen las relaciones no engañosas en el seno de las apariencias relativas, no puede aplicarse aún al modo último de cada cosa. Aunque pueda tomarse literalmente, su sentido no será suficiente para delimitar el modo último de cada cosa. Por tanto, será necesario interpretarlo, de ahí que se llame «provisional». Los sutras pronunciados según estos principios son de sentido provisional.

Así pues, tomando como base las primeras enseñanzas, las siguientes son en cierto modo más claras y amplias, aparte de contener todo cuanto se había enseñado anteriormente, revelan algo más vasto y profundo, y es este factor lo que hace que estos textos sean tan sublimes. No es que estas enseñanzas sean sublimes por el hecho de ser distintas de las que ya existían, sino por esclarecer y profundizar los puntos oscuros de las primeras, los cuales se analizan en toda su amplitud, como ya hemos visto.

Ahora estudiaremos el tema de los métodos. La división en Gran y Pequeño Vehículo, y, dentro del Gran Vehículo, en sutras y tantras, depende básicamente de los métodos. Así pues, en el Pequeño Vehículo de los Oyentes y de los Iluminados solitarios, no es que la práctica principal de la compasión carezca de fuerza, sino que sólo exige no perjudicar a los demás siendo lo más útiles posibles. En cambio, en el Gran Vehículo, el hecho de aspirar, aunque sólo sea de pensamiento, a la felicidad de todos los seres animados y a disolver sus sufrimientos, implica la búsqueda de la omnisciencia[43] necesaria para alcanzar el bienestar de los demás. De ahí que la diferencia entre el Gran o el Pequeño Vehículo dependa de la grandeza o la pequeñez del pensamiento.

A continuación explicaré la diferencia entre los sutras y los tantras. Cada erudito la expone a su manera, pero básicamente los sutras se distinguen de los tantras en los métodos empleados para alcanzar la budeidad y en las diferencias que existen entre los diversos aspectos de la senda.

En la actualidad, desde el punto de vista del conocimiento, se explica que los budistas tengan cuatro sistemas filosóficos. Al igual que el pensamiento puede ensancharse según el método empleado, el conocimiento no cesa de profundizarse. De manera general, los cuatro sistemas filosóficos del budismo aceptan la insustancialidad. Ahora bien, aunque esta insustancialidad tenga el mismo sentido para los vaibhâsikas[44] y los sautrântikas,[45] en el caso de los mâdhyamikas[46] y los chittamâtrins[47] es distinto, ya que no sólo se limitan a la insustancialidad del individuo, sino que también explican la insustancialidad de los fenómenos.

La diferencia entre los mâdhyamicas y los chittamâtrins con respecto a la insustancialidad de los fenómenos es una cuestión de sutileza. Y el razonamiento analítico permite reconocer la profundidad que han alcanzado estos dos últimos sistemas filosóficos. Pero no es posible sostener que el Buda sólo ofreciera estas enseñanzas posteriores, las cuales son mucho más profundas que las primeras. ¿Por qué? Porque tanto unas como otras provienen de él. Y como ambas provienen de él, unas no pueden ser mejores que otras.

¿Es posible tener una certeza sobre estas «verdades»[48] tras examinarlas con toda lógica, sin dar pie a objeciones del mismo orden a través del razonamiento analítico? Defender, por ejemplo, la irrealidad del sí mismo individual sin hablar de la insustancialidad de las cosas; o incluso, no sólo no hablar de ella, sino sostener que todo existe realmente, que el sujeto y el objeto no son vacíos, que todo es real, es algo que sólo puede rebatirse a través del razonamiento.

Si ciertas tesis se desmoronan ante los razonamientos de los sistemas superiores, si ceden a la lógica, las palabras de Buda deberían *interpretarse* en el texto en el que aparecen, clasificándolas como una declaración de sentido provisional pronunciada con una determinada intención. Las enseñanzas «profundas»,[49] se explica, son lógicas hasta el punto de que ningún razonamiento puede rebatirlas.

En todas las declaraciones del mismo maestro pueden encontrarse muchos puntos de desemejanza, algunos de los cuales son verdaderas contradicciones, sin embargo, han sido hechas por el mismo maestro. ¿Cómo es posible? Las ha pronunciado adaptándose a los distintos tipos de constituciones y aspiraciones de sus discípulos.[50] Pero al descubrirlo advierto que es provechoso saber que esas enseñanzas llenas de disparidades son realmente útiles a una amplia gama de constituciones y aspiraciones.

Pero volvamos a la explicación del sistema de las Cuatro Nobles Verdades. En primer lugar será necesario definirlas, después mostrar su importancia y por último practicar la senda que se inspira en ellas, lo cual significa que deberemos comprenderlas desde dentro. Ahora bien, la diferenciación en cuatro verdades obedece a la profundidad que alcanza la senda. De modo que las analizaré intentando descubrir qué proposición[51] no resiste el razonamiento y qué proposición, por el contrario, puede ser demostrada por él.

Si afirmo que las Cuatro Verdades son verdaderas porque el Buda las formuló, me encontraría con el mismo problema de antes. No podemos decidir que algunos de los puntos filosóficos que el Buda enseñó son correctos y otros no. A este respecto, sólo el razonamiento analítico nos dará a conocer si son correctos o falsos.

¿Cómo debemos, pues, proceder? Si estas «verdades» sólo eran artificios del pensamiento, sería imposible que algunas de esas invenciones conceptuales resistieran el razonamiento y otras, en cambio, no. Sin embargo, no estamos hablando de verdades que nunca existieron, de un mero producto de la imaginación, de simples palabras.

Pongamos un ejemplo. El pensamiento de que hay alguien cuando no hay nadie, no es más que una invención conceptual, y ninguna lógica podrá rebatir ni demostrar la realidad de ese puro producto del pensamiento. Se puede, como máximo, declarar que esa invención de la mente es útil y que aquella otra no lo es. Incluso hay explicaciones psicólogicas para ello.

Sin embargo, en conjunto, aunque las invenciones conceptuales sean todas válidas, ¿son necesarias? Las cosas necesarias existen de hecho y pueden ser demostradas a través del razonamiento. Pero deben responder a una necesidad. Cuando, por ejemplo, nos visualizamos como una deidad,[52] nuestro aspecto ordinario no se diviniza. Tomarse por un dios sería una distorsión mental, sin embargo, es algo necesario al realizar la práctica de visualizarse como una deidad. En este caso, no es una fijación sobre un dios, sino una meditación orientada hacia una deidad. Se trata, en efecto, de una especie de creación conceptual, pero que responde a una necesidad.

Asimismo, al practicar la meditación sobre lo inmundo,[53] no se trata de verlo todo como inmundo dejándose llevar por completo por esa idea tal como el mundo ordinario la define, sino más bien de que esta meditación sobre una forma inmunda es el antídoto[54] del deseo y el apego, procede de esta necesidad. Hay, pues, todo tipo de situaciones posibles.

Me gustaría insistir sobre este punto. La lógica rebate lo que, al no existir en realidad, no es más que una creación mental. De hecho, cuando uno toma un objeto irreal por una realidad, ésta no resiste el razonamiento. Y lo que se explica tomando como base esta realidad, debe buscarse razonando sobre la existencia real del objeto en cuestión. Como esta existencia es rebatida, es imposible que, sea lo que sea, exista realmente tomando como base ese objeto.

La lógica rebate, pues, las teorías basadas en la tesis de la existencia real. ¿Qué significa rebatir algo a través del razonamiento? Es llegar a algo que realmente es, algo fundamental que es necesario conocer tal como es, algo que la lógica no puede rebatir. Lo que tiene el poder de producir conceptos inútiles y puede ser rebatido a través del razonamiento es no conocer cómo es aquello que es. Por tanto, es importante establecer el modo real[55] de cualquier objeto. El conocimiento de ese modo real es la base sobre la cual es posible explicar lo que es necesario adoptar y rechazar con relación a ese objeto.[56]

Volvamos, pues, a las Cuatro Nobles Verdades enseñadas por el Buda. El «sufrimiento» es algo que no deseamos y que es necesario rechazar. Para eliminar el sufrimiento, es preciso eliminar su causa, porque una vez la hemos eliminado, nos liberamos necesariamente del sufrimiento; es así como deben explicarse las cosas, y no tengo ninguna duda sobre ello.

Si uno se pregunta si es posible eliminar el «origen del sufrimiento», significa que hay que ahondar más, pensar con mayor profundidad. Así que para conocer con certeza lo que conviene adoptar y rechazar, es importante conocer la naturaleza real de la causa del sufrimiento. Pero no es necesario conocer el sistema de las Dos Verdades fundamentales para comprender la teoría general de las Cuatro Verdades.

Sin embargo, para conocer el sistema de las Cuatro Verdades con el objetivo de poder modificar la mente y adquirir una verdadera certeza, es aconsejable explicar la teoría de las Dos Verdades, que la mayoría de los hindúes[57] no budistas también aceptan.

Todas las escuelas budistas, empezando por los vaibhâshikas, admiten que hay dos niveles de verdad. No obstante, en lo que atañe a los puntos esenciales de la práctica de las Dos Verdades, nos referiremos de manera general a los sistemas filosóficos del Gran Vehículo y, en particular, a los textos del Camino Medio.[58]

De entre estos últimos, la teoría de las Dos Verdades que defienden Nagârjuna[59] y sus descendientes espirituales, Budhapâlita,[60] Chandrakîrti[61] y Santideva, se ha comprobado que es muy profunda. Es, pues, esencial intentar comprender el estado fundamental de las cosas a partir de la explicación de las Dos Verdades tal como las exponen el sublime bodhisatva Nagârjuna y sus herederos.

Para explicar las Dos Verdades, es necesario añadirles la palabra «fundamentales». Las «Dos Verdades», que describen el estado real y fundamental de las cosas, no son creaciones del karma de los seres ordinarios, ni los descubrimientos subsiguientes a la budeidad, sino algo que uno lleva en su interior.

A propósito del sentido provisional y del sentido definitivo de las declaraciones de Buda, hemos visto que los textos de sentido definitivo expresan la verdad absoluta, la vacuidad, y que los textos de sentido provisional tratan sobre la verdad relativa. ¿Cómo se definirían las Dos Verdades? Las teorías que se limitan a las diferentes funciones que actúan solo a nivel de las apariencias, no permiten al análisis comprender su situación duradera o su modo real.

Sólo a nivel de las apariencias vemos toda una variedad de objetos, es decir, toda una gama de percepciones que designan los objetos de los seis «sentidos»,[62] o sea, las formas, los sonidos, los olores, los sabores, las texturas y los fenómenos inteligibles. Tampoco se trata de algo que uno descubra al buscarlo, porque se sienta insatisfecho con las meras apariencias. Desde el punto de vista de las apariencias, se distingue una situación última y una situación temporal. La segunda es el modo aparente temporal o convencional, aquello que la mente descubre es calificado de «verdad relativa».

Ahora, después de haber estudiado, o buscado, cuál podía ser la situación duradera, absoluta, o la *esencia* de toda la variedad de cosas sin limitarnos a su apariencia, cuando insatisfechos con las meras apariencias intentamos hallar su situación duradera, lo que descubrimos entonces es el sentido último de cada cosa. Se habla del «sentido encontrado a través del razonamiento analítico sobre la verdad última de los fenómenos». De modo que aquello que el razonamiento analítico descubre sobre lo último es la verdad absoluta, y aquello que descubre sobre lo convencional, la verdad relativa.

¿Pero por qué es necesario buscar la situación última de las cosas? ¿Por qué es tan importante? Bien, a pesar de la inmensa variedad de apariencias, por lo general se cree que las apariencias inmediatas son reales, y esto crea otras tantas ocasiones de actuar en detrimento propio.

Sea lo que fuere, en nuestra verdadera situación ¿puede haber tanta disparidad entre el modo real y el aparente? Si las cosas aparecieran tal como son, su modo aparente y su modo real coincidirían a cada momento. Si no hubiera ninguna disparidad entre lo aparente y lo real, se haría pasar por verdadero aquello que no lo es en la experienca común ignorando hasta qué punto este hecho puede confundir a la gente. Lo real y lo aparente coincidirían forzosa e inmutablemente.

Es evidente que transformar una cosa en lo que no es, es engañar al mundo. Es una mentira. De ahí que sea necesario explicar que el modo aparente y el modo real de un objeto no coinciden. En tal caso, los fenómenos que se nos presentan como los objetos de nuestras seis conciencias,[63] ¿qué aspecto tendrían de presentarse tal como en realidad son? Es importante examinarlos a fondo para descubrir si existen tal como los percibimos.

Los prejuicios erróneos, por lo general, no conducen a nada. La conciencia falseada no sólo deja de adjudicar al ser aquello que es al percibir aquello que no es, sino que cree que aquello que es no es, y que aquello que no es, es, y esta creencia está muy arraigada en ella. La conciencia falseada de aquel que lo cree no sólo es una conciencia que se menosprecia a sí misma, sino una conciencia distorsionada. Ahora bien, una conciencia distorsionada no puede hacer nada constructivo, ni en el Dharma ni en el mundo profano. Es, pues, importante establecer el modo real de las cosas. Esta búsqueda del modo real de las cosas es la misma que la realizada en la universidad.[64]

Bajo la égida del prasángika[65] Chandrakîrti, los seguidores del Camino Medio declararon que nada existe realmente, que nada existe en sí mismo, que ningún fenómeno existe por sí mismo. Ahora bien, estas declaraciones sirven para disipar de diversos modos las emociones negativas.

En las *Dos Verdades del Camino Medio*[66] del maestro svâtantrika[67] Jñanagarbha[68] puede leerse:

> «Si las cosas son tal como aparecen,
> no es necesario analizarlas.»

Las distintas siluetas de los que estáis allá abajo las percibo del mismo modo que vosotros debéis percibir nuestras formas aquí arriba. Las cosas son, de hecho, tal como aparecen; y tal como aparecen, obedecen a su modo convencional. A nivel convencional, ésa es la medida de su ser. No es posible analizarlas, pero su existencia objetiva aparece como una existencia atribuida a tal o cual designación convencional que les convenga. Por tanto, las cosas son tal como aparecen y no es necesario analizarlas.

Esta especie de existencia objetiva de las cosas tal como aparecen no es un postulado derivado de la percepción de una conciencia sana. ¿Esta existencia objetiva podría aparecer bajo otro modo, aunque fuera extraordinario? No, dice Jñanagarbha. En tal caso, prosigue, lo que se nos aparece existe realmente. Lo que intenta decir es que al considerar que un objeto es tal como aparece, se presentan dos posibilidades: que el objeto sea bueno, agradable, y que la mente se sienta atraída por él; o que sea repulsivo y la mente experimente un movimiento de rechazo. Cuando aparece alguna cosa buena o mala que existe objetivamente, pueden surgir dos movimientos en relación con ese objeto que es tal como aparece: acercarse a lo deseable o alejarse de lo indeseable. Para Jñanagarbha, este hecho no comporta ninguna emoción negativa, estos movimientos de la mente en ningún caso son distorsiones.

Para Buddhapâlita y Chandrakîrti, lo que no es correcto es la posibilidad misma de afirmar que esas apariencias de objetos existan realmente. Nada, dicen, se nos aparece tal como en realidad es. Creemos que lo que vemos existe objetivamente porque hemos adquirido este hábito, pero no es tal como aparece. La existencia objetiva, pues, se manifiesta en los objetos de nuestras seis conciencias, pero éstos no son tal como aparecen. Sin duda vemos que están allí, pero no son en realidad tal como los percibimos.

Si se presenta algo bueno, nos acercamos; si se trata de algo malo, nos alejamos. Este hecho, afirman los prasángikas, es ya de por sí la irrupción de las emociones negativas, y lo relacionan con el apego y el odio. Para los svâtantrikas y los sistemas inferiores, estos movimientos de la mente están de acuerdo con su objeto, y no ven en ellos ni una conciencia distorsionada ni emociones negativas. Tened en cuenta que a nivel convencional, las emociones negativas se clasifican en burdas y sutiles con relación a las realidades consideradas como agradables o desagradables. La definición de las emociones negativas propuesta por los prasángikas permite identificar las emociones más sutiles. Pero en tal caso, ¿cómo averiguar si una cosa existe o no tal como aparece? Para descubrirlo será necesario seguir los razonamientos del Camino Medio.

Si el objeto es tal como aparece, es necesario demostrarlo a través del razonamiento analítico. Sea cual fuere el objeto de las seis conciencias captado por nuestra mente, se percibe como si existiera objetivamente. Entonces, si es realmente tal como se presenta, deberemos encontrarlo al buscarlo. Si la búsqueda no tiene éxito, se demostrará que no existe objetivamente. El razonamiento rebatirá su existencia objetiva demostrando que no existe objetivamente; por consiguiente, el error consistirá en percibir el objeto como si tuviera una existencia objetiva, puesto que no es así como en realidad existe. Una vez sepamos que las cosas no son lo que parecen ser, sólo es necesario acostumbrarnos a este descubrimiento para que el poder de las emociones negativas sutiles disminuya.

Así pues, la manera de establecer el modo real de los fenó menos, es decir, su vacuidad, puede ser sutil o burda, se trata de algo que se va profundizando, y cuyo estado último, formulado en los textos del Camino Medio, no puede ser rebatido por el razonamiento. Por tanto, en lo que debemos realmente concentrarnos es en aquello que demuestra el razonamiento sobre la naturaleza última, en la explicación de la verdad de la cesación según el Camino Medio.

Parecería ser que los cuatro sistemas filosóficos del budismo coinciden sobre la noble verdad de la cesación del sufrimiento, pero el enfoque mâdhyamica sobre esta verdad y, más precisamente, el prasángika, responden a una necesidad muy profunda. Es, pues, según el grado de sutileza de los distintos puntos de vista filosóficos que pueden apreciarse los diversos grados de sutilidad al intentar identificar las emociones negativas que constituyen la verdad del origen del sufrimiento. Si es posible diferenciar de ese modo las emociones negativas, que son el origen del sufrimiento, la verdad del sufrimiento podrá ser, a su vez, sutil o burda. En este sentido, la verdad de la cesación, que designa la extinción del sufrimiento y la del origen del sufrimiento, también podrá ser sutil o burda.

Como la tesis de la vacuidad puede ser sutil o burda, al lograr conocer los principios de la vacuidad sutil se aprecian los distintos grados de sutilidad de las tesis sobre la vacuidad y de las formas de percibirla. Según este punto esencial, hay diversas maneras de definir la verdad de la cesación, que es la propia esencia de la vacuidad. Además, la percepción falseada de la vacuidad da lugar a una teoría de las emociones negativas sutiles de la que se deriva una verdad sutil del sufrimiento. Por tanto, son los distintos grados de profundizar en la aproximación de la vacuidad lo que produce las diferentes maneras de presentar los principios de las Cuatro Verdades.

Además, para comprender la detallada exposición de las Cuatro Nobles Verdades, es necesario conocer con precisión el sistema de las Dos Verdades. Y para poder hacerse una idea correcta de las Cuatro Nobles Verdades es, a su vez, necesario conocer la teoría sutil de las Dos Verdades.

El *Ornamento de la perfecta realización*[69] de Asanga[70] se inicia con las instrucciones referentes a la meditación de la mente de Iluminación. Tras exponer las Dos Verdades presenta los principios de las Cuatro Verdades con relación a las Dos Verdades y, por último, los Tres Refugios[71] según las Cuatro Verdades. La relación entre las Dos y las Cuatro Verdades y, más tarde, entre las Cuatro Nobles Verdades y el triple refugio se exponen más detalladamente en *El esclarecimiento de las estrofas del Camino Medio*[72] de Chandrakîrti.

Es importante recordar, al explicar las Dos Verdades, que no se trata, hablando con propiedad, de enseñanzas sobre lo que uno debe adoptar o rechazar. Las Dos Verdades se enseñaron para establecer el modo real de un objeto. Aunque estén relacionadas con las enseñanzas sobre aquello que se debe adoptar o rechazar, su función principal es la de ayudarnos a percibir el modo real de un objeto. Digo «modo real de un objeto», porque no hay un solo fenómeno que no esté incluido en el sistema de las Dos Verdades. En cambio, las Cuatro Verdades fueron concebidas para la práctica y explican aquello que se debe adoptar o rechazar.

Sea lo que fuere, es necesario establecer las Dos Verdades para poder explicar las cosas cognoscibles tomando como base su condición real con el fin de disminuir el sufrimiento y liberarse de él.

26 de abril, 1997, tarde

CONFERENCIA

Reconocer el sufrimiento.
Eliminar su origen.
Actualizar su cesación.
Meditar sobre la senda.

En primer lugar me gustaría anunciar algo. A partir de hoy, al final de cada sesión, meditaremos durante cinco minutos, pero antes, durante media hora, contestaré a vuestras preguntas. Si queréis formular alguna, hacedlo por escrito antes de iniciar las enseñanzas.

¿Cómo se crean las «Cuatro Verdades»? Lo que uno no desea es sufrimiento, y lo que desea, placer. El sufrimiento, que es indeseable, depende de causas y condiciones. Y el placer, que es deseable, se deriva también de causas y condiciones. En este caso, el «placer» o «bienestar» no significa sólo las sensaciones agradables, sino más bien la felicidad que debemos alcanzar, una felicidad duradera y desprovista de cualquier sufrimiento, pero que depende de determinadas causas y circunstancias.

El sufrimiento, que debemos eliminar, es lo que no deseamos y queremos disipar. Las causas y los efectos del sufrimiento constituyen un conjunto; y la felicidad duradera, aquello que debemos alcanzar, proviene de unas causas y efectos que forman otro conjunto.

Asanga, el Protegido de Maitreya,[1] propone la siguiente comparación: digamos que los dolores de una enfermedad conocida representan la verdad del sufrimiento; que los microbios simbolizan la verdad del origen del sufrimiento; que liberarse de la enfermedad mediante la eliminación de los microbios representa la verdad de la cesación; y, por último, que las medicinas que permiten vencer a los microbios representan la verdad del sendero.

Cuando, en un principio, uno no se da cuenta de que está enfermo, no puede tener el deseo de no estarlo. El que padece una enfermedad debe ante todo ser consciente de ello. Algunos enfermos pretenden no estarlo, y es totalmente imposible hacer que tomen las medicinas. Por tanto, es necesario reconocer que uno está enfermo. De modo que, cuando el Buda enseñó las Cuatro Nobles Verdades, declaró que era preciso ser conscientes del sufrimiento.

Una vez reconocido el sufrimiento, nos decimos que no deseamos esta enfermedad y que es realmente lamentable. Entonces buscamos su causa y, al reconocerla, comprendemos que hemos enfermado por tal razón, en tales circunstancias, y que puede curarse. Incluso podremos decirnos que no tardaremos mucho en recuperar la salud.

El Buda declaró además que era necesario eliminar el origen del sufrimiento, la causa de la enfermedad, o sea, aquello que es preciso eliminar es la causa o el origen del sufrimiento. Podemos preguntarnos si es posible suprimir la causa de la enfermedad. Ahora bien, fue porque el Buda vio que era posible que declaró que era necesario «actualizar la cesación».

El enfermo que desea «actualizar la cesación» de los microbios que provocan la infección empezará por reconocer que los tiene. Una vez haya visto la posibilidad de recibir un tratamiento, comprenderá que puede curar su enfermedad, y deseará «actualizar la cesación» para eliminarla, y al tener la seguridad de que practicando la senda de la cesación podrá curarse por completo, empezará el tratamiento.

Si la enfermedad es incurable, no es necesario seguir ningún tipo de tratamiento. Pero cuando uno reconoce que puede curarse, empieza el tratamiento. Del mismo modo, cuando entrevemos la verdad de la cesación, deseamos actualizarla, y para poder llevarlo a cabo, el Buda declaró que era necesario «meditar sobre la senda».

Así pues, fue con relación a la práctica de las Cuatro Verdades que declaró que era necesario:

> «Reconocer el sufrimiento.
> Eliminar su origen.
> Actualizar su cesación.
> Meditar sobre el sendero.»

¿Cómo es aquel que debe reconocer el sufrimiento, eliminar el origen y actualizar la senda? Esa persona, ese individuo que desea ser feliz y no quiere sufrir, ese yo, ese sí mismo, debe examinarse a fondo. Lo que se denomina «yo», «sí mismo» o «individuo» es lo que sobrevive de una vida a otra, si creemos los textos no budistas hindúes que consideran que debe existir una entidad o un ser llegado a esta vida de una existencia anterior y que se dirigirá a la siguiente. Ahora bien, cuando percibimos algo que no es aquello que viene de una vida anterior ni se dirigirá a la siguiente, nos vemos obligados a reconocer un sí mismo, un yo o una persona diferente de los agregados. Así pues, algunos seguidores del sí mismo (o *âtman*) sostienen que el sí mismo es distinto de los agregados.[2]

Para limitarnos al marco de una sola vida, es básicamente con relación a nuestros agregados que decimos que somos jóvenes, adultos o viejos. Yo mismo he sido niño —al menos para mis maestros, por ejemplo, o para los que estaban conmigo—, más tarde me convertí en un joven, fui recorriendo poco a poco la flor de la edad, después mis cabellos encanecieron, y ahora he perdido los dientes y estoy lleno de arrugas. Cuando con relación a mi viejo cuerpo digo que «he envejecido», parece que deba tener un yo desde el primer instante de mi vida.

Algunos partidarios del sí mismo explican que éste es distinto de los agregados, y que existe algo como un «yo» desde el instante que nacemos. Para explicar las cosas según los conocimientos biológicos actuales, sabéis sin duda que las partículas que forman el cuerpo cambian a cada momento. Desde este punto de vista, los agregados son puro cambio. En tal caso, pensaremos que si tenemos un yo desde que empezamos a vivir, ha de ser forzosamente distinto de los agregados. Si existe un yo distinto de los agregados, tras comprender los cinco agregados, es decir, el cuerpo y el espíritu, debería quedar algo después de que el cuerpo y el espíritu se separen. Ahora bien, como no encontramos nada, los agregados no son distintos del sí mismo.

El sí mismo es distinto de los agregados, nos explican. Es inmutable y permanente, único e independiente. En tal caso, el yo de la infancia y el yo de la vejez son algo inclasificable calcado de los movimientos de los agregados y, por tanto, de naturaleza cambiante.

Por consiguiente, todos los budistas admiten que no existe esta clase de individuo sustancial, permanente, único e independiente.

26 de abril, 1997, tarde

PREGUNTAS Y RESPUESTAS

¿Cómo se puede saber si el modo real y el modo aparente coinciden realmente? ¿De qué se trata? Aquel que percibe la coincidencia de lo real y lo aparente puede también ser víctima de una ilusión.

El análisis intelectual lleva a una conclusión que se encuentra reflexionando a través de la meditación. Si esta conclusión no es errónea y corresponde a la realidad, cuanto más se medite, más se irá profundizando la experiencia de su sentido. Ésa es la explicación general. Creo que para llevar a cabo esta reflexión[1] uno no debe valerse de la conciencia ordinaria, sino de la sabiduría.

Por otro lado, si después de haber reflexionado a fondo sobre tal o cual cosa, se llega a una conclusión que ninguna otra reflexión puede cambiar, uno va aumentando poco a poco su experiencia. Pero puede ocurrir que experimentemos una ligera desazón, un sentimiento de contradicción, esto dependerá del grado de perfección del análisis. Si éste ha sido llevado realmente hasta el final, sea cual sea el ángulo desde el que se mire su conclusión, y sea cual sea el objeto al que se aplique esta conclusión, no experimentaremos la menor incomodidad. Quizá sea así como debamos pensar.

De manera general, la existencia y la inexistencia tienen valor a nivel de la verdad convencional, y aquello que convencionalmente es verdadero, se dice, no puede ser refutado por una verdad convencional distinta. Pero ¿hay ahora otra idea que pueda contradecir la idea surgida de una conclusión individual? Ya que en el caso de haber otra idea que pueda contradecirla provisionalmente, habrá sin duda una tercera que podrá contradecir a la segunda. Es así como hay que verlo.

Por ejemplo, la creencia en sí mismo contradice la idea de que el ser en sí mismo no existe. En tal caso, la inexistencia del ser en sí mismo es totalmente inadmisible. Se puede incluso decir que las cosas realmente existen con el pretexto de que las hemos vinculado con las ventajas e inconvenientes que en efecto presentan, y por otras razones similares. La creencia en la existencia real de las cosas contradice, pues, la idea que ha llegado a la conclusión de su irrealidad, pero sólo de manera provisional. Ya que la meditación basada en el pensamiento de que las cosas realmente no existen puede desarrollarse hasta el infinito, mientras que el prejuicio de que existen realmente, al examinarlo desde cualquier ángulo con la ayuda de múltiples razonamientos, no encuentra demasiadas opiniones que puedan apoyarlo. Si la conclusión a la que hemos llegado es contradicha por una verdad distinta, esta última podrá ser probablemente refutada a su vez por otro razonamiento. La verdad convencional concierne a aquello que cada mente ve, aquello que tal o cual conciencia percibe.

En cuanto a saber si una percepción es correcta o auténtica, esto dependerá aún de otra percepción, que no deberá invalidarla. Pero ¿ese objeto convencional que ahora ha sido admitido será refutado por otra verdad convencional? ¿Será refutado por el razonamiento que analiza el estado último de dicho objeto? Deberemos descubrir si existe efectuando estas dos clases de análisis.

Mis semejantes y yo pensamos según nuestra propia capacidad y, dependiendo del análisis que podamos llevar a cabo, aceptamos las conclusiones de los sabios experimentados y dignos de confianza. Es así como debemos proceder, comparando y asociando su experiencia a la nuestra. Estos seres dignos de confianza, tanto realizados como sabios, deben tener algo más aparte de ser fiables. Para llevar a buen término nuestro análisis, es necesario que sean fiables, sabios y realizados en el preciso campo de este análisis, ya que si lo fueran en otro, tendríamos todo el derecho a preguntarnos si es correcto remitirnos a ellos en el caso que nos concierne.

En efecto, si ahora procedemos a examinar un objeto recurriendo a las ideas de Nagârjuna y Aryadeva, es sólo a los escritos de los seres sabios y realizados, con fama de expertos en la línea de Nagârjuna y Aryadeva, que deberemos comparar nuestros pensamientos, porque propiamente hablando, por más fiables que sean los textos de, por ejemplo, Asanga y Vasubandhu,[2] no son relevantes para el tema que ahora nos ocupa.

(En respuesta a una pregunta pendiente)

Cuando hablamos de las tres clases de sufrimiento, no pensamos nunca que una sensación agradable ensombrecida sea un sufrimiento. Me pregunto si no debería analizarse desde el punto de vista de las causas y los efectos. O, incluso, según la definición que demos a la palabra «sufrimiento». Esta persona la percibirá como algo negativo, pero aquella otra no le encontrará el menor inconveniente, todo depende del punto de vista adoptado. Si se compara un ligero sufrimiento con un gran sufrimiento, casi puede parecer que no es doloroso; en cambio, al compararlo con otro, puede que parezca un gran sufrimiento. Todo esto es muy relativo.

La manera en que dos personas distintas ven el mismo sufrimiento depende, pues, del hecho de no verlo del mismo modo, si allí donde una ve un gran sufrimiento, la otra ve que no lo es tanto, no podremos decir que las dos percepciones sean verdaderas, ya que lo aprecian de una manera relativa y, por tanto, distinta. Si, ante el mismo objeto y en el mismo momento, una afirma que es agradable y la otra que es desagradable, por fuerza una deberá estar equivocada. Es así como podremos juzgar si algo es verdadero o falso con respecto a la opinión común.

Cuando usted habla del modo aparente, de la verdad relativa de todos los fenómenos, y de su modo real, su verdad absoluta, ¿qué entiende por «todos los fenómenos»?

Las múltiples metamorfosis que contribuyen a la apariencia de las cosas. Es lícito pensar que aquello que no incumbe a la multiplicidad, sino tan sólo al aspecto del sabor único, pertenece al nivel absoluto. Como ya he indicado, es necesario distinguir aquello que la razón encuentra al final del análisis de lo último y lo que encuentra al final del análisis de lo convencional.

Pongamos por caso estas flores. Todo cuanto podamos decir de sus formas y colores, de sus causas primarias y secundarias, etc., todo esto pertenece a la verdad relativa. Si buscamos metódicamente la *flor última* de estas flores dotadas de formas y colores, no podremos hallar nada. Por tanto, nada existe que no sea relativo. ¿Estas flores serían de hecho *otra cosa*? De ningún modo. Pero entonces, ¿cómo existen? No tienen una existencia objetiva, sino que existen por el hecho de haberse reunido una serie de condiciones.

Pero nosotros no percibimos que estas flores «existan por el hecho de haberse reunido una serie de condiciones». Una flor es una flor «en sí misma». Su modo real es que no existe independientemente de todo lo demás. Aquello que encuentra el pensamiento que teoriza sin analizar permite clasificar las flores en blancas, amarillas, etc. Pertenece al modo aparente de la verdad relativa. En tal caso, ¿qué hallamos al analizar una flor para conocer el modo real? Descubrimos que la flor no tiene una existencia real, que es imposible encontrar ninguna flor. Y este descubrimiento se relaciona con la verdad absoluta.

¿Cómo podemos relacionarnos con los demás si no tenemos un yo?

Ya he explicado que era necesario empezar por cerciorarse de la existencia del sí mismo. Nadie ha dicho que no exista un yo. Es como las flores que acabamos de analizar, cuando decimos que el sí mismo, la sustancia o la flor no existe realmente, ni por sí misma, significa simplemente que las cosas se producen en interdependencia.

Los cuatro sistemas filosóficos del budismo —vaibhâshika, sautrântika, chittamâtrin y mâdhyamika— ¿fueron creados por hindúes letrados, o bien los enseñó el Buda?

En la actualidad, en la universidad, el nombre de «Buda» evoca un personaje histórico al que oficialmente no se le atribuye la enseñanza del Gran Vehículo. Éste no aparece en sus «obras completas». Y como el Gran Vehículo tampoco aparece en la colección de la Triple Cesta,[3] el svâtrantika Bhavaviveka[4] osa preguntarse, en su *Hoguera de lógica,*[5] si los discursos del Gran Vehículo atribuidos al Buda no habrían sido compilados por Maitreya, Mañjughosha[6] y otros bodhisatvas.

Para la universidad no cabe duda de que el Buda puso en movimiento la rueda de las enseñanzas. Lo hizo sobre todo para los Oyentes de su entorno. De modo que éstos fueron los principales depositarios de su doctrina. Pero entre los laicos que tenían fe en el maestro, aquel hecho produjo un cierto malestar. Y poco a poco, con el fin de que éstos consolidasen su práctica espiritual, apareció la Cesta de los bodhisatvas. En ella se escribe con claridad que la ordenación es excelente, pero los profesores no dejan de discutir para saber si los «bodhisatvas» eran monjes o no. E incluso algunos llegan a pretender que el cuerpo absoluto de Buda es una invención de los laicos.

Creo que merece la pena reflexionar sobre ello. El análisis anterior sigue, pues, la opinión universitaria de que el Dharma se enriqueció con el transcurso de la evolución histórica. El Buda empezó por enseñar de forma sumamente condensada. Más tarde, los eruditos hindúes debieron añadir nuevas aportaciones a las enseñanzas, con lo que éstas no dejaron de ampliarse. ¿Pero a qué conclusión quieren llegar los que apoyan esta teoría? Están totalmente convencidos de que el Buda sólo fue un ser normal y corriente, y que sus discípulos fueron aumentando sus nobles declaraciones, con lo que el Gran Vehículo se desarrolló hasta el punto que conocemos. Ése es el análisis histórico universitario.

Cuando uno es budista se pregunta si es posible, desde un punto de vista general, alcanzar la budeidad. ¿Existe tal cosa como el samsara y el nirvana?[7] ¿Es que debemos investigar en este sentido? Si el samsara y el nirvana existen, ¿es posible eliminar las emociones negativas? El individuo que las ha eliminado ¿es diferente a nosotros? Lo importante es saber si es posible o no alcanzar la liberación.[8] Creo que éstas son las verdaderas preguntas.

Si consideramos a Buda como un ser normal y corriente,

no cabe la menor duda de que nosotros somos mucho más cultos que él. Si se le presenta como un simple personaje histórico, nos vemos obligados a admitir que, en este aspecto, Nagârjuna tenía más conocimientos que él; sin embargo, nosotros somos más cultos que Nagârjuna. La mayoría poseemos un ordenador. Pero a pesar de nuestros conocimientos superiores y de nuestra inteligencia, no deberíamos juzgar la escuela de Buda, ya que son dos formas de pensar radicalmente distintas.

Lo que quiero decir es que si se considera el budismo sólo desde el punto de vista de la evolución, el Buda sólo fue un ser humano, aunque lleno de calidez, que enseñó algo muy simple. Más tarde apareció Nagârjuna, que, a partir de las enseñanzas de Buda, aportó algunas ideas nuevas; y después llegaron Asanga y Chandrakîrti, que hicieron lo mismo. Si fue realmente así como ocurrió, ya he mencionado recientemente que en la actualidad estamos mejor preparados, mucho más, al menos en lo que concierne a la universidad. También vivimos en una época más rica. Éstos son los puntos de vista que difieren. Pero la visión última es: ¿existe un *shûnya*?[9] ¿Existe un nirvana? ¿Tenemos la posibilidad de eliminar todas las emociones que nos afligen y toda la ignorancia? Éstas son las cuestiones esenciales.

Si es posible eliminar las emociones que nos afligen, deben ciertamente existir seres que lo hayan experimentado, pero como es natural no podemos compararnos a ellos. Algunos fenómenos nos parecen difíciles de comprender porque todavía no tenemos suficiente experiencia espiritual. Pero hay otros factores que debemos considerar: los que nos hablan de la liberación de las emociones no deberían tener ninguna razón para mentirnos, deberían inspirarnos confianza. Tampoco debería haber contradicción alguna entre las diversas declaraciones de todos los que merecen nuestra confianza a propósito de los fenómenos ocultos. Para juzgar estos hechos, y en algunos ámbitos, recurrimos por el momento a las declaraciones de un tercero. Es muy complicado. Mañana terminaré de explicar este tema, que merece ser tratado más a fondo.[10]

Ahora meditaremos durante cuatro o cinco minutos. Podéis pensar en la impermanencia, la compasión, la fe, o en cualquier objeto de vuestra meditación habitual.

27 de abril, 1997, mañana

CONFERENCIA

La no-violencia y la producción interdependiente. ¿El «sí mismo» es una conciencia mental o fundamental? Existencia nominal y existencia concreta. «El individuo no es inexistente, pero no existe en sí mismo».

Las conciencias momentáneas y la clara luz de la mente. La conciencia sólo es una experiencia de conocimiento y claridad. Demostración de la sucesión de vidas. El continuo de la clara luz originaria innata no tiene principio ni fin. A propósito de la «reencarnación». Diferencias entre los seres ordinarios y los budas.

Los big-bangs. Diferencia entre el karma y la naturaleza de las cosas.

¿Qué es la ignorancia? Los doce elementos de la producción interdependiente. Los cuatro criterios de verdad en el sistema del «Camino y el Fruto» de los sakiapas. Importancia fundamental de Nagârjuna.

Empezaré repitiendo lo que digo siempre. Todos las enseñanzas del budismo pueden reducirse a dos cosas: la práctica de la no-violencia y la filosofía de la producción interdependiente.[1]

Esta filosofía comienza por una comprensión burda que se va refinando hasta conocer la producción interdependiente en toda su amplitud. La producción interdependiente, sobre la que todos los budistas coinciden, indica la producción de múltiples metamorfosis, es decir, de una variedad de efectos surgidos de la interacción de causas y circunstancias. Las Cuatro Nobles Verdades y las Dos Verdades fundamentales sobre las que hablé ayer se explican en función de la producción interdependiente.

Quien conjuga la filosofía de la producción interdependiente y la práctica de la no-violencia, es la persona, el «sí mismo». Quien establece la senda de la producción interdependiente y, una vez establecida, experimenta sus ventajas e inconvenientes, es también el sí mismo. Del mismo modo, es en el sí mismo donde debemos buscar aquel que cree en la no-violencia y la pone en práctica.

Fueron muchas las personas que antes que Buda se plantearon la cuestión del sí mismo o *âtman*. Para algunos hindúes no budistas, el sí mismo es una entidad distinta de los agregados. Ahora bien, ningún budista admitirá nunca la existencia de un sí mismo de esta clase. Pero en el propio seno del budismo existen numerosas tesis sobre el sí mismo. Para algunas ramas de la escuela budista de los vaibhâsikas, los agregados constituyen el sustrato, o la base de las cualidades, del sí mismo. Otros pensadores budistas consideran que el sí mismo no tiene como sustrato los cinco agregados, sino únicamente el agregado de las conciencias, no las conciencias sensoriales, sino sólo la conciencia mental.[2]

Para los seguidores de la Sólo Mente[3] que prefieren el criterio de las escrituras al de la argumentación lógica, una vez sentado que la conciencia mental es el sustrato del sí mismo, se demuestra que es imposible señalar una conciencia mental que no esté empañada, de modo que es necesario sentar la existencia de una conciencia «fundamental»[4] exterior a las seis conciencias psicosensoriales. Es así que los chittamâtrins exponen que esta conciencia fundamental neutra constituye el sustrato de las cualidades del sí mismo. Por tanto, además de las seis conciencias, o asociaciones, psicosensoriales, los seguidores de la Sólo Mente postulan la existencia de una conciencia fundamental y de una conciencia mental emocional.[5]

En los tantras también aparecen ocho conciencias.[6] Lo podéis ver, por ejemplo, en el «Collar de Diamantes»,[7] el tantra explicativo del *Guhyasamâja,* la «Asamblea de los Misterios».[8] Debemos recordar que la conciencia fundamental de los tantras no es la misma que la conciencia fundamental que conciben los chittamâtrins. En sus textos chittamâtrins dedicados a las ocho conciencias, Asanga y su hermano Vasubandhu describen que la conciencia fundamental es una entidad totalmente neutra, mientras que en los tantras la conciencia fundamental suele ser una metáfora alusiva de la clara luz, y por ello pierde su carácter neutro para convertirse esencialmente en positiva.

Ahora bien, todos estos sistemas de pensamiento exigen hallar una cosa o algo real al buscar el objeto que designa la palabra «individuo».[9] Estos sistemas de pensamiento no se contentan sólo con la apariencia de las cosas que existirían por esencia, sino que reconocen que es necesario encontrar algo real al buscar el objeto designado, lo cual conduce de nuevo a admitir la existencia de realidades objetivas más allá de las apariencias. De todos modos, cada escuela de pensamiento budista explicará a su propia manera que la existencia de una entidad es doble: nominal y concreta. Sin embargo, será necesario que el sustrato real, el objeto designado cuya existencia es puramente nominal, exista también realmente, o por esencia. Por consiguiente, en todos estos sistemas la existencia nominal es también inherente al objeto denominado.

En resumen, quiero decir que en cada uno de estos sistemas de pensamiento, en los que los fenómenos pueden existir ya sea como designaciones o como realidades, deben existir cosas reales que constituyan las bases de designación de las cosas designadas. De modo que, por fuerza, la designación «individuo» dependerá de un verdadero referente, de un sustrato que existe realmente. Ahora bien, en el momento de identificar este último, deberemos admitir que se trata de la conciencia mental; y si todavía no nos satisface esta tesis, expondremos que se trata de la conciencia fundamental. En pocas palabras, todos estos sistemas se refieren a una u otra de estas categorías.

A excepción de los mâdhyamikas-prasángikas, todos los sistemas de pensamiento budistas admiten que existe un objeto, una realidad que por esencia existe, un individuo que, de hecho, sólo tiene una existencia nominal, pero cuando hay que señalarlo, para unos será la conciencia mental y para otros la conciencia fundamental.

En sus comentarios sobre el pensamiento extraordinario de Nagârjuna, su discípulo cercano Buddhapâlita, y también los dos autores prasángikas Chandrakîrti y Santideva, citan el mismo pasaje de los sutras:

> «Así como dependiendo del conjunto,
> de sus partes, hablamos de un carro,
> dependiendo de sus agregados hablamos,
> en la verdad relativa, de un ser animado.»

Es decir, un «carro»[10] no es más que una designación relacionada con el conjunto de elementos que, convencionalmente, constituyen lo que denominamos «carro». Nunca se ha podido encontrar un carro como tal en uno u otro de sus constituyentes, en sus partes, en sus partículas, en su forma, etc. Por tanto, el Buda enseña que al igual que denominamos «carro» al conjunto de los elementos que lo forman, las designaciones de «sí mismo» e «individuo» dependen asimismo de los agregados, o incluso del cuerpo y el espíritu. Lo cual permite a Buddhapâlita escribir:

> «Si las cosas existieran por esencia, no sería
> necesario asignarles nombres dependientes.»

Esto demuestra que no existen en virtud de su esencia. Repetiré las palabras del sutra:

> «Dependiendo de sus agregados hablamos,
> en la verdad relativa, de un ser animado.»

«Hablamos», o bien le «adjudicamos la designación» de ser animado. Por consiguiente, el individuo recibe este nombre con relación a sus agregados. Éstos forman el referente (de la palabra «individuo»), o su «base de designación»; y la cosa denominada, el nombre que le damos tomando esta base, es el individuo. Existe, pues, una contradicción entre el referente y el nombre. El referente y la denominación se oponen respecto al mismo objeto particular.

¿Cómo puede ser? El objeto nombrado es como el agente, y el referente, el acto. En el caso del individuo, éste es el agente y los agregados que constituyen la base de la designación de «individuo» representan la acción de este agente. En otros términos, los agregados son la apropiación,[11] y el individuo, aquel que se apropia de los agregados. Ahora bien, el ejecutor del acto y el acto en sí mismo son necesariamente dos cosas distintas.

Y ahí esta el error, que consiste en confundir el agente y la acción, aunque sea imposible encontrar al individuo en su referente, los agregados. Ni tampoco en otra parte, en los agregados o entre los agregados.

No es que los individuos, las personas no existan en absoluto. Es imposible negar la existencia de los «individuos». Pero entonces, ¿cómo existen? Su existencia no se deriva de su esencia y se limita, de hecho, a una simple designación mediante el único poder del nombre.[12] Y lo que es más, si no encontramos nada al buscar el objeto que designa la palabra «individuo», tampoco hallamos nada al buscar los agregados que constituyen la base de esta designación.

Esta existencia admitida «sin previo examen, en conformidad con la opinión y por ignorancia», o aun, esta existencia real evidente para el sentido común, al analizarse debidamente no es nada que pueda encontrarse, es una entidad puramente convencional cuya existencia satisface a la opinión común en ausencia del análisis. Es, por tanto, una existencia puramente consensual, que nada tiene de objetiva. Pero nada de lo que satisface al sentido común tiene por qué existir necesariamente. La existencia «real», eso es lo que vale para la expresión común, pero todo lo que conviene al mundo no tiene por qué existir por fuerza a nivel absoluto.

Es imposible negar la existencia de aquello que no puede encontrarse al investigar, de aquello que denominamos «yo» o «persona», de ese individuo que, sin analizarlo, experimenta placer y dolor, de ese ser que acumula las causas. El individuo no es inexistente, pero no existe en sí mismo. Si la personalidad se hallara en los agregados, el individuo existiría por esencia. Pero si admitimos que existe por esencia, deberemos encontrarlo al buscarlo en los agregados. Por tanto, el individuo no existe por esencia. Y como no es más que un nombre, no es necesario encontrarlo.

De modo que admitiremos que el individuo es una designación conceptual fundada en los agregados. De los cinco agregados referentes, el principal es el de las conciencias. Así que la palabra «individuo» designa la continuidad de las conciencias de Fulano o de Mengano. Las tesis divergen sobre la cantidad de conciencias, pero todas se limitan a abordar los aspectos burdos de la conciencia.

En los Tantras Más Elevados,[13] las conciencias se distinguen en burdas, sutiles y muy sutiles. Las conciencias burdas y sutiles son adventicias, se producen cuando se reúnen las condiciones necesarias para que puedan existir, y desaparecen al dejar de manifestarse estas mismas condiciones.

Pongamos, por ejemplo, la conciencia visual. Ésta se produce cuando se reúne la condición «objeto», en este caso, una forma exterior, con la condición dominante, la condición inmediata (y la condición causa principal). Cuando estas cuatro condiciones cesan, la conciencia visual se extingue. Cuando, por ejemplo, la conciencia que percibe esas flores se extingue, son las conciencias sin percepción del objeto y otras diversas conciencias las que habitan en el espíritu. Estas conciencias son burdas, aparecen al coincidir una serie de condiciones y desaparecen cuando éstas cesan.

Del mismo modo, las conciencias sutiles, como pueden ser las emociones negativas o los pensamientos discursivos, como los ochenta «pensamientos indicativos»,[14] aparecen cuando se reúnen las condiciones y desaparecen cuando ya no están presentes. Bajo este aspecto, se las denomina también «conciencias momentáneas».

En cuanto a las conciencias muy sutiles, según el sistema del *Guhyasamâja,* son cuatro: vacuidad, mucha vacuidad, gran vacuidad, y todo-vacuidad. Las tres primeras «vacuidades» son momentáneas, sólo la cuarta es «originaria». Es ésta la que designa la «clara luz originaria». La «todo-vacuidad» no proviene de las condiciones momentáneas, no es como las otras conciencias vacuas que se manifiestan gracias a la aparición de ciertas condiciones momentáneas y que desaparecen cuando éstas dejan de existir.

Lo que se denomina «clara luz natural» designa algo que subsiste desde la eternidad. Todas las conciencias burdas y sutiles provienen de la dimensión absoluta de la clara luz, y se extinguen en la dimensión de la clara luz. De modo que, si tomamos como ejemplo la muerte, en el preciso instante de morir se manifiesta la clara luz, y es la única que queda.

Una vez que las seis conciencias se han extinguido, es decir, cuando el calor del cuerpo y a continuación la vista, el oído y las otras facultades sensoriales se han debilitado, la conciencia visual y las otras conciencias se extinguen. Los pensamientos burdos se desvanecen progresivamente con el debilitamiento del cerebro. Por último, si todas estas conciencias encuentran las condiciones adecuadas, sólo se manifestarán de nuevo si existe un poder o unos esquemas habituales[15] que se lo permitan. Así es como se describe la dimensión de la clara luz.

Pero en tal caso, ¿esta mente natural es una realidad en sí misma? ¿Existe por esencia? La clara luz originaria innata se presenta también como una sucesión de instantes y, como tal, no puede hallarse, al buscar una «clara luz» no encontramos nada que por esencia exista realmente: el instante pasado ya no existe; el futuro todavía no ha aparecido, y a cada segundo el instante presente desaparece. Esta conciencia muy sutil nace y muere a cada instante, sus instantes pasados ya no existen, y los siguientes se están ya destruyendo.

Sin embargo, las conciencias burdas son, desde el punto de vista de su continuidad, las creaciones fluctuantes de condiciones momentáneas. Las conciencias burdas y sutiles que gobiernan nuestra vida actual, por ejemplo, surgen de la particular mente de clara luz en el instante de nuestra concepción. Y todas se extinguirán en la clara luz, cuando ésta se manifieste en el momento de nuestra muerte. De modo que las conciencias sutiles y burdas son momentáneas, cuando nuestro viejo cuerpo deja de existir, todas las condiciones burdas basadas en él también cesan. Y al encontrar un nuevo cuerpo, las conciencias basadas en este cuerpo también nacen. Por tanto, la extinción, manifestación, etc., obedecen a unas condiciones momentáneas.

Como la clara luz originaria innata no procede de la creación de unas condiciones momentáneas que modifican el continuo, no desaparece al dejar de existir ciertas condiciones momentáneas, sino que forma un flujo que jamás se interrumpe. En consecuencia, de entre las conciencias instantáneas que son experiencias de conocimiento y claridad,[16] la mayor parte sólo existen en función de la reunión de condiciones momentáneas.

De modo que la conciencia humana nace, por ejemplo, de su interacción con una entidad material como el cerebro humano. Y para que pueda producirse, no sólo es necesario que esta conciencia esté unida a un cuerpo humano, sino que sin el soporte del cuerpo humano no podría manifestarse. ¿Acaso no lo sabíais? Sin embargo, aunque el cuerpo humano sea la reunión de condiciones que constituyen la base para alcanzar esta experiencia de conocimiento y claridad, ésta procede de la clara luz. Sin ella la experiencia de conocimiento y claridad no podría producirse.

Este funcionamiento general podría también describirse de la siguiente manera: aquello que no es conciencia no puede ser causa de conciencia. Es algo imposible. La conciencia es un fenómeno compuesto. Al formarse y deshacerse a cada momento, tiene por fuerza una causa. Por ejemplo, en un instante de conciencia visual, la condición dominante, o sea, el órgano de la vista, será la condición inmediata; ahora bien, ésta necesita una causa efectiva. Ninguna conciencia puede manifestarse sin una causa efectiva de la misma índole.

De ahí que la causa efectiva principal de las conciencias burdas y sutiles, esos puros instantes de conocimiento y claridad, sólo puedan ser la clara luz. Los esquemas habituales adquiridos de vidas anteriores dependen de la clara luz para subsistir. Estos vislumbres de conocimiento y claridad son obra de la clara luz. Pero al exigir que la clara luz sea el producto de otra causa sustancial, se comete el error de atribuirle un inicio. Sería totalmente absurdo que la clara luz originaria fuera el producto de algo.

Lo que los budistas denominan «conciencia» no es, por lo general, un fenómeno dotado de forma, carece de color y no se compone de ninguna materia burda. La conciencia es tan sólo una experiencia de conocimiento y claridad. Cuando se dice que un fenómeno que se manifiesta como un vislumbre de conocimiento y de claridad debe provenir de una causa efectiva de la misma naturaleza, significa que la causa efectiva de la conciencia es en sí misma conciencia. En el budismo no se concibe que una sustancia material dotada de forma sea la causa efectiva de una conciencia. Por tanto, resulta muy difícil admitir que la clara luz se produzca dependiendo de una sustancia burda.

Pero ¿qué conclusión sacamos de todo ello? Que la clara luz originaria innata no es el producto de precarios instantes de conciencia. Al contrario, son los instantes de conciencia momentáneos los que surgen de esta conciencia originaria. Lo originario no puede provenir de lo momentáneo, ni de fenómenos materiales exteriores, ni tampoco estar desprovisto de causa. Y al no estar privada de causa, la clara luz carece de inicio.

La clara luz originaria no es una creación de condiciones

momentáneas, de modo que no hay nada que pueda impedir que dure. Si se tratara de un fenómeno precario cuya existencia dependiera de condiciones momentáneas, éstas le impedirían durar. Pero ahora no estoy hablando de un antídoto exterior que ejerciera este efecto. Como todo fenómeno momentáneo depende de las condiciones que le han precedido, cambiará de aspecto cuando estas condiciones cambien. Las condiciones no duran eternamente, ésa es su naturaleza. Hay algo que se opone a que duren. Como es natural, hay una condición contraria o un obstáculo que impide que ese instante sea perdurable. Lo que las condiciones momentáneas han creado se destruye cuando estas condiciones dejan de existir. Ahora bien, como la clara luz originaria innata no procede de la creación de ciertas condiciones momentáneas, no hay nada que pueda impedir su duración. Por esta razón se dice que la clara luz no tiene inicio ni fin. Y es precisamente este punto el que permite explicar la sucesión de vidas, comunmente denominada «reencarnación».

Mientras la clara luz originaria innata esté acompañada de impurezas, se es un «ser ordinario». En tal caso, ¿qué es un «buda»? Cuando todas las construcciones momentáneas se han extinguido o desvanecido en la dimensión de la clara luz y ya no vuelven a surgir, el hecho de permanecer constantemente en la única clara luz originaria, es lo que se denomina «ser un buda».

El fenómeno momentáneo que se ha desvanecido o se ha disuelto en la dimensión de la clara luz originaria innata no volverá a surgir sin una razón. Es la energía del karma la que nos impide permanecer en la dimensión de la clara luz, de ahí la necesidad de familiarizarse con la senda espiritual. Por esta razón el yo, el individuo, no tiene inicio ni fin. Lo cual no impide que el yo, el individuo, se encuentre en una situación de dependencia con un cuerpo burdo, y éste sí que tiene un inicio y un fin.

Es necesario distinguir el cuerpo burdo del sutil y del muy sutil. Al igual que en las conciencias, el cuerpo burdo y el sutil son momentáneos, en cambio el cuerpo muy sutil es originario. El «continente» o mundo inanimado del que el cuerpo burdo a su vez depende, tiene también un inicio y un fin. Y es así como llegamos a la teoría del big-bang.

Para los budistas el big-bang no es único. Puede también decirse que el big-bang no tiene inicio ni fin. Algunos físicos creen que el big-bang es único, y otros, que hay una multiplicidad. Por tanto, ¿cómo el yo, el individuo, así designado en función de la clara luz, puede ser el producto de un big-bang? La respuesta debe hallarse en la verdad del origen del sufrimiento. La clara luz originaria innata, por lo general neutra, es el lugar donde el samsara y el nirvana se separan.[17]

Pero, en tal caso, ¿cómo existe el samsara? Al no poder durar en la clara luz originaria innata, las conciencias momentáneas, los pensamientos discursivos aparecen bajo la acción de la energía (o el aliento) kármico. Luego surgen las emociones negativas, que tienen el poder de registrar[18] el karma.

Como se señala en el *Tesoro (de la Escolástica)*:[19] «El karma produce variedad de mundos».

Y en la *Introducción al Camino Medio*:[20]

> «La mente incontrolada produce
> las emociones negativas y el karma,
> la propia materia de los mundos inanimados.»

La conciencia, que tan sólo es un puro vislumbre de conocimiento y claridad, no es un efecto del karma. Se produce gracias a su causa efectiva, conforme a su naturaleza.

La simple noción de individuo, por ejemplo, no es un efecto del karma. En el individuo lo que es kármico es el hecho de tener temporalmente un cuerpo humano. Lo que las flores tienen de kármico es que sus formas y colores pueden provocar placer y sufrimiento. Lo que tan sólo obedece a la causa efectiva que acaba de precederle no depende del karma.

De modo que si nos remontamos hasta la causa de los objetos materiales análogos a esas flores, llegamos a las «partículas de espacio»[21] anteriores al big-bang, que son como un residuo del universo precedente una vez se ha desintegrado.[22] No sabría decir si los cuatro elementos[23] —tierra, agua, fuego y aire— existen también en virtud del karma. Ni tampoco puede decirse realmente si la temperatura y el agua que esas flores necesitan para subsistir dependen o no del karma.

¿A qué llamamos «karma»?

El karma designa en líneas generales la causalidad, el encadenamiento de causas y efectos, lo cual pertenece a la naturaleza de las cosas.[24] El encadenamiento de causas y efectos se limita a obedecer la naturaleza de las cosas, no tiene nada en especial de kármico. Pero lo que suele entenderse por «karma» designa, dentro de la ley de la causalidad que sigue siendo de orden general, el caso particular de una acción o de un esfuerzo vinculado a una determinada intención, que forma la causa del efecto correspondiente y que tiene el poder de producirlo. Se trata, en el marco general de la ley de causalidad, de una creación vinculada a una intención, y es con relación a esta intención que se habla de actos buenos y malos.

En las *Setenta Estrofas sobre la vacuidad,*[25] Nagârjuna escribe:

«Creer que las entidades nacidas de (ciertas) causas
en (ciertas) condiciones existen realmente,
eso es lo que el Instructor[26] llama ignorancia.
Es de ella de donde proceden los doce elementos...[27]»

Es decir, lo que tan sólo es una designación dependiente de una causa sometida a ciertas condiciones, no demostrará la realidad en términos de verdad absoluta. Se llama «ignorancia» la opinión según la cual una simple designación poseería una existencia absoluta o real. Las cosas cuya existencia depende de ciertas causas, en ciertas circunstancias, no existen realmente, pero sólo en ciertas circunstancias. Es por error que les adjudicamos una existencia real, y el Buda llama a esta idea «ignorancia». Y de ignorancia en ignorancia surgen los doce elementos de la producción interdependiente.

Acabo de describir la ignorancia primordial.

Si nos basamos en la tradición prasángika del Camino Medio, como ya hemos visto, la «ignorancia primordial», que consiste en este realismo ingenuo,[28] constituye el primero de los doce elementos. De ella nacen el apego, el odio y las otras emociones que acompañan necesariamente a la ignorancia realista a nivel sutil. Para los svâtantrikas y las escuelas inferiores, se trata de movimientos de la conciencia conformes con su objeto. Lo cual no impide que todas las escuelas, salvo los prasángikas, admitan la existencia real, a nivel de la verdad convencional de estas apariencias que percibimos con tanta nitidez.

De entre todos ellos, para los que esta convicción es una creencia convencional y no una exigencia realista, no hay ni uno solo que declare con los prasángikas que el apego y el odio sutiles de los que acabo de hablar sean emociones negativas. El objeto visto como real inspira un movimiento de rechazo si no es agradable, y si lo es, inspirará deseo creando apego. Pero cuando surge el apego o el odio hacia un objeto visto como real (al punto de no ser sutil sino evidente), todos los budistas coinciden en reconocer ese apego y ese odio burdos como emociones negativas.

El apego y el odio sutiles concomitantes a la ignorancia realista inducida por la ignorancia sutil no son emociones negativas comunes. Ese apego y esa ira sutiles tienen el poder de registrar un buen o un mal karma, que es precisamente el karma generador del samsara de composición sutil. Por tanto, los svâtantrikas y las escuelas inferiores no admiten que se trate del karma que forma el samsara, ya que no consideran el apego y el odio sutiles como emociones negativas.

Creo que es esta composición sutil la que genera los doce elementos, tanto burdos como sutiles, de la producción interdependiente, empezando por la conciencia sutil que, en el momento de la causa, se inscribe como un esquema habitual (de tal o cual experiencia). Así se explicarían los doce elementos de la producción interdependiente sin que sea necesario diferenciar dos series que comprenden desde la ignorancia hasta la vejez y la muerte, una derivaría de las emociones negativas sutiles, y la otra, de las emociones negativas burdas.

Ahora me gustaría contestar las preguntas de ayer.

En el «Camino y el Fruto» de los sakiapas,[29] se exponen cuatro criterios de verdad: las palabras de Buda, los grandes tratados, el maestro espiritual y la experiencia personal.[30]

Consideremos una enseñanza para ver cómo se puede adquirir un conocimiento idóneo siguiendo el orden natural de las cosas. La verdad[31] comienza con una cita del Buda; prosigue con los grandes tratados que resuelven todos los enigmas que la cita pueda plantear; y después, una vez convencidos de la verdad que se desprende de los sutras y tratados, el criterio de verdad con el que debemos contar es el maestro espiritual que ha alcanzado, mediante su práctica, la realización.[32] Gracias al maestro el criterio de verdad de la experiencia personal podrá actuar en el continuo psíquico[33] del discípulo.

Si valoramos estos cuatro criterios de verdadero conocimiento según la certeza que es posible adquirir, el criterio de la experiencia personal estaría en primer lugar. Cuando un individuo tiene realmente una experiencia meditativa, la convicción que adquiere no será fundamentalmente destruida por los momentos de alegría o sufrimiento que seguirán. En la vida pueden ocurrirnos todo tipo de cosas, entre ellas experimentar esas certezas que proporcionan un poco de felicidad, esas certezas que nos ayudan a no tener miedo en el momento de la muerte.

¿Acaso no podemos tomarnos las cosas de mil maneras distintas? Deberíamos poder vivir apaciblemente, que es lo que les ocurre a las personas que tienen esta experiencia, aunque sólo sea un logro inferior, por no citar las experiencias vinculadas a logros superiores, como alcanzar el logro de la visión de la vacuidad, o las manifestaciones de la sabiduría transmitida en una iniciación.[34]

La persona que ha tenido una experiencia meditativa ordinaria y auténtica se apoya, por tanto, en el criterio de la experiencia ordinaria para pensar que la ha realizado gracias a las bendiciones del maestro que le instruye. Entonces percibe el criterio de verdad que representa el maestro espiritual. Cuando el criterio del maestro es una certeza, es posible ver que ese maestro ha alcanzado una verdadera realización practicando la senda que los grandes tratados garantizan. Uno se ve obligado a constatar que las escrituras que han inspirado la práctica del maestro son criterios de conocimiento que no engañan jamás. Y así, remontándonos hasta el maestro de las enseñanzas, el Buda, admitiremos que sus palabras constituyen los criterios de verdadero conocimiento.

Respecto a las experiencias ordinarias que podamos tener, las experiencias de los grandes maestros son notablemente superiores. Al haber quedado escritas en las historias, por fuerza deben haber llegado a nuestros oídos, y bajo el tenue fulgor de nuestras pequeñas experiencias ordinarias, podemos comprender que es posible tener tales experiencias.

Por ejemplo, en mi caso no tengo ninguna experiencia. Desde el punto de vista de los años soy viejo, pero en lo que se refiere a la experiencia del Dharma, soy muy joven. Por tanto, cuando pienso en cosas como la mente de Iluminación, el amor y la compasión, o aun en la filosofía de la vacuidad, me pregunto lo que todo esto me permite juzgar. Pues bien, me atrevo a pensar que Nagârjuna es fundamental. Realmente lo creo, de todo corazón. Es él quien declara:

> «Rindo homenaje a Gotama,[35]
> que habiéndome acogido con su amor,
> me enseña el Dharma (de lo) real[36]
> para que me libere de todas las filosofías.[37]»

Nagârjuna era tanto inteligente como erudito, y el profundo aprecio que sentía por Buda indica dos cosas: que no sólo lo consideraba un ser que nunca nos engaña, un infalible criterio de verdad, sino también que nunca lo habría considerado como un simple ser ordinario lleno de bondad, como un buen y anciano patriarca. Nosotros, pensándolo bien, tampoco vemos a nuestro gentil Instructor de ese modo. Todos los conocimientos de Nagârjuna reflejan las palabras de

Buda, no son ideas que el Buda no hubiera transmitido o que ignorara, y que Nagârjuna hubiera extraído de su propia inteligencia.

En la actualidad sabemos muchas cosas que Nagârjuna no conocía. Como mínimo deberíamos ser un poco más «sabios» que él. Y en el caso de conocerlo, no nos sentaría muy bien que fuera nuestro maestro. Para la mayoría de quienes lo ven de esta manera, el Buda se manifestó bajo una forma humana, envejeció y murió. Sin embargo, si reflexionamos realmente en las cualidades espirituales de Buda, podemos darnos cuenta de que no es así.

El Buda tiene cuatro cuerpos, según una teoría que Nagârjuna considera cierta porque hizo la experiencia personalmente. Igualmente, los eruditos realizados de la India y del Tíbet han comprobado directamente el valor de la misma. ¿No es este hecho la confirmación de la validez de dicha teoría? En tal caso, una vez convencidos de su validez teórica, podemos comprenderla intelectualmente hasta adquirir la certeza y admitir que el sistema de los cuatro cuerpos de Buda establecido por esos sabios dignos de confianza es, sin lugar a dudas, cierto.

Por ello Nagârjuna declara:

> «Rindo homenaje a Gotama,
> que habiéndome acogido con su amor,
> me enseña el Dharma (de lo) real
> para que me libere de todas las filosofías.»

Y pronunciando estas palabras se inclina ante las innumerables y vastas enseñanzas que el Buda impartió en función de la capacidad y aspiraciones de sus discípulos, a fin de disipar sus puntos de vista erróneos. Por esta razón nosotros, los otros budistas, creemos que las cuatro escuelas de pensamiento budista proceden de Buda. Afirmar que el budismo se enriqueció con el transcurso de la evolución histórica es adoptar la visión de los historiadores modernos. Nosotros, los otros budistas, vemos las cosas de distinta manera.

27 de abril, 1997, mañana

PREGUNTAS Y RESPUESTAS

(En respuesta a una pregunta pendiente)

A nivel de la budeidad existe una identidad individual.[1] Pero está muy bien que sea así, ya que de lo contrario sería muy aburrido. Si todos los budas fueran iguales no resultaría nada agradable convertirse en un buda.

(En respuesta a otra pregunta pendiente)

Hay actos realizados que no se registran, actos realizados que se registran y actos que no llegan a realizarse ni a registrarse, es decir, muchas clases de «actos». Se habla de actos cuya experiencia es cierta y de actos cuya experiencia es incierta. El acto realizado que no se registra es, generalmente, un acto cuya experiencia es incierta.

Si sólo nos ocupamos de la felicidad de los demás ¿cómo podemos llegar a ser felices?

Para amar hay que empezar por amarse a sí mismo. Es preciso que así sea, para tener un modelo de amor en el momento de amar verdaderamente a otra persona. Ya que si uno no se ama a sí mismo ¿acaso puede amar a otra persona? Cada uno de nosotros puede sentir un gran amor por un ser ordinario. Algunos arriesgan su vida por amor a una idea. Otros, por compasión y en beneficio de los demás, renuncian a su felicidad personal. Pero estos últimos siempre son dichosos, aunque tengan que pasar privaciones o sufrir en su propia carne. Por tanto, podría decirse de manera general que cuando nos preocupamos por la felicidad de los demás conseguimos, al mismo tiempo, ser felices.

Algunos pueblos, como los tibetanos, los armenios, los judíos o los gitanos, ¿tienen un karma colectivo más pesado?

No creo que todas estas personas hayan acumulado realmente un karma juntas, en el mismo momento y en el mismo lugar. Han acumulado un karma negativo en lugares diferentes y en distintas épocas, pero después, a la hora de la retribución,[2] aquello que han experimentado es la maduración del karma que tienen en común. Al menos es lo que creo.

El adiestramiento de la mente[3] suele provocar problemas, sufrimientos. ¿Qué podemos hacer para evitarlos o resolverlos?

Debemos comparar los intereses a largo plazo con los intereses a corto plazo. Tal como enseña el *Ingreso en el camino de la Iluminación*[4] en el capítulo dedicado a la paciencia, para meditar debemos recurrir a los métodos con habilidad. Si nos obstinamos en una técnica de meditación dedicándonos, por ejemplo, todos los días a profundizar siempre la misma meditación analítica o el mismo razonamiento, llegará un momento en que no sólo nos cansaremos, sino que nos veremos obligados a reconocer que no hemos progresado ni siquiera una pulgada.

En ese momento es importante concentrarse en toda clase de temas diferentes. Al igual que el hombre se nutre de una variedad de alimentos, los temas de meditación son como alimentos para el espíritu, y éste no se cansa de la variedad de sabores de lo que le sustenta. En la meditación analítica reflexionamos sobre todo tipo de temas, pero es muy importante que no pierdan su frescor. En cambio, cuando meditamos en la «quietud»,[5] la situación es distinta, en ese caso sí que debemos concentrarnos en un solo objeto.

¿Los actos producen inevitablemente efectos? ¿Hay alguna manera de evitar las consecuencias?

Cualquier acto, virtuoso o perjudicial, puede ser eclipsado, por así decirlo, por un acto más poderoso. Podemos purificarnos de un acto negativo debidamente registrado arrepintiéndonos y tomando la resolución de no volver a hacerlo.[6] Pero un solo instante de violenta cólera puede anular el poder del buen karma acumulado a través de un gran número de actos virtuosos.

27 de abril, 1997, tarde

CONFERENCIA

Los esquemas habituales. Los doce elementos de la producción interdependiente.

Los bardos de la muerte y del devenir. Las causas de la muerte. El nacimiento. El envejecimiento empieza a partir de la concepción.

Las tres clases de sufrimiento. El sufrimiento es el efecto de las emociones negativas, las cuales proceden todas de la ignorancia.

La verdad de la cesación. «La liberación es el hecho de haberse agotado el karma y las emociones negativas.»

La verdad de la senda. La Joya del Dharma representa las verdades de la senda y de la cesación. Las Tres Joyas.

La ignorancia del realismo ingenuo consiste en creer que las cosas existen en sí mismas, y los doce elementos de la producción interdependiente nacen de esta ignorancia realista.

La «conciencia» constituye el tercer elemento de la serie.

Una vez ha quedado registrado un acto corporal, por ejemplo, una vez realizado, ¿es irrevocable? Como resultado de ese acto, y en el preciso instante que ha tenido lugar, la atmósfera cambia. Cuando, pongamos por caso, nos peleamos con alguien movidos por el odio, la atmósfera se degrada de inmediato. Después, cuando la pelea —el acto— finaliza, su energía deja una huella[1] en la conciencia. Los eruditos hindúes han estudiado extensamente el terreno en el que esta huella queda impresa, y explican que la conciencia fundamental es, entre otras cosas, ese terreno. Señalan además que el terreno es doble, al igual que los esquemas que se inscriben en él, y que pueden ser temporales o duraderos.

El terreno en el que se inscriben los esquemas temporales no es otro que la conciencia mental inmediata. En cuanto al terreno en el que se inscriben los esquemas duraderos, no lo buscaremos en el yo o en el individuo tal como los hemos abordado. De modo que no lo buscaremos en lo que constituye el referente de la tan relativa designación de «individuo», sino en el simple yo, denominado así tomando como base su referente.[2] La continuidad de este simple yo prosigue de vida en vida, pero el simple yo, así llamado con relación a la continuidad de la conciencia, ¿es permanente? De lo que no cabe duda es de que en él se depositan los esquemas habituales. Así se afirma.

Pongamos, por ejemplo, un acto verbal, poco importa que sea bueno o malo. Una vez ha cesado, deja una huella, un futuro esquema habitual. O más bien, en los textos prasángikas, el propio Nagârjuna explica que los compuestos pueden ser concretos o abstractos. De modo que, afirma, el concreto designa el acto, y el abstracto, la «terminación del acto» cuando ha finalizado, porque aquello que «queda» de un acto que ha dejado de existir es también un fenómeno compuesto. Estos dos compuestos, explica Nagârjuna, tienen en común que cada uno produce un efecto particular. Cuando el acto ha cesado, por ejemplo, la acción verbal, ésta deja de existir, pero después de su desaparición queda una evidente continuidad, y es esta continuidad del acto desaparecido la que, al encontrar después ciertas condiciones, tendrá el poder de producir un efecto determinado. Es precisamente este potencial lo que queda inscrito en el simple sentimiento del yo.

Ahora pongamos como ejemplo el karma que provoca la existencia de los agregados de la vida siguiente; cuando, por fin, encuentra las condiciones necesarias, este karma tiene el poder de permitir a los agregados existir. La huella que este acto imprime, o más bien, la «terminación concreta» —aquello que «sobrevive» sutilmente tras su desaparición—, constituye una fuerza real, o causal, de la que se deriva la «sed», la cual es doble y consiste, por una parte, en no desear sufrir, y por otra, en no desear verse privado de la felicidad. Y al intensificarse, la sed provoca la «apropiación» —por ejemplo, la apropiación de lo deseable—, y es la intensidad de la sed y de la apropiación lo que produce, en el momento de la muerte, el elemento del «devenir». En ello no hay nada de kármico. De modo que se denomina «devenir» al décimo elemento de la producción interdependiente, el instante en que, con el fin del karma de la vida que se acaba, el poder de atraer el siguiente renacimiento alcanza toda su fuerza.

Después aparecen los elementos de «nacimiento», «vejez» y «muerte».

Para que haya renacimiento, es necesario que el nacimiento anterior haya cesado con la muerte. Cuando el renacimiento tiene lugar en una de las esferas del mundo Sin Forma, no hay una existencia intermedia, un «bardo»[3] entre la muerte y el renacimiento. Pero en todos los otros casos, hay un bardo, y creo que puede ser útil dar, en este punto, algunas breves explicaciones sobre la existencia en estos bardos de la muerte y del devenir.

¿Qué ocurre en el momento de la muerte?

Para responder a esta pregunta lo haré, de entrada, desde una óptica tántrica.

Todas las conciencias momentáneas, incluida la «apariencia», el «crecimiento» y la «próxima obtención», se reabsorben según el proceso de la disolución burda.[4] Al final sólo queda la clara luz. Es a esta disolución que obedece el karma, y aquello que denominamos «muerte» no se debe, en este caso, al efecto de una práctica yóguica. Se habla de la «clara luz del momento de la muerte».

El proceso de disolución señala la progresiva evanescencia de los elementos burdos —tierra, agua, fuego y aire— y de la conciencia. La respiración burda cesa al desvanecerse el elemento aire. La medicina considera que cuando la respiración externa cesa, las funciones cerebrales no durarán mucho. Así que cuando el aire «se disuelve en la conciencia», quedan aún cuatro niveles de disolución, como ya hemos visto; es necesario pasar por el primer instante de conciencia discriminante, el segundo, el tercero y el cuarto.[5] Según los textos, la muerte sólo ocurre al cesar la clara luz del momento de la muerte.

Normalmente el alma permanece tres días en la clara luz. Pero estoy hablando de alguien que ha gozado de un estado de salud equilibrado, no de un moribundo minado por la enfermedad. En este tema no hay reglas fijas. Algunas personas sólo la perciben durante breves instantes. En cambio, las que la buscan voluntariamente, o las que conocen ciertas prácticas yóguicas, pueden permanecer en la clara luz durante una o incluso dos semanas. Ling Rimpoché[6] estuvo trece días en la clara luz. En Dharamsala[7] he conocido a personas que han permanecido en ella de una semana a diez días. Y me han comentado que un individuo de Lhassa, en el Tíbet, permaneció en ella durante un mes entero.

Sea lo que sea, se dice que mientras dura la clara luz, no desaparece ni el antiguo cuerpo ni el vínculo que une el soporte con lo soportado.[8] Como el vínculo que une el cuerpo con el espíritu no se rompe, el cuerpo no se pudre. Al desaparecer la clara luz el vínculo se rompe. Entonces la clara luz se separa del cadáver y a partir de ese momento empieza a descomponerse.

La muerte tiene por fuerza unas causas y suscita percepciones muy particulares. Las causas de la muerte son múltiples, pero podemos resumirlas en tres grupos: la muerte acaecida por la consumación del karma, la muerte acaecida por el agotamiento de los méritos y la muerte acaecida por los peligros que no se han evitado.

La muerte acaecida por no habernos preocupado de eliminar las condiciones nefastas momentáneas tiene por causa el hecho de haber sucumbido al peligro. La muerte por «agotamiento de los méritos» no tiene en cuenta la longevidad que podía alcanzarse y sucede porque todas las condiciones favorables para la continuidad de la vida no se han reunido en su totalidad. En cuanto a la muerte «por la consumación del karma», ocurre cuando el karma principal[9] se agota por completo, aunque se reúnan todas las condiciones necesarias para la continuidad de la vida. El agotamiento de los méritos y los accidentes se relacionan, por lo general, con el karma. Sin embargo, ¿la muerte por la consumación del karma principal es la misma que la acaecida por el puro agotamiento del karma? Son dos puntos de vista.

Hay un gran número de experiencias psíquicas relacionadas con la muerte. El *Tesoro de la Escolástica* se relaciona con el aspecto burdo de la conciencia y explica que, en el momento de la muerte, uno puede encontrarse en un estado de ánimo positivo, negativo o neutro. El *Compendio de la Escolásti-*

ca[10] describe unos estados de conciencia más sutiles que los del *Tesoro,* pero menos que los de los tantras, vinculados con estados de conciencia mucho más sutiles. De modo que hablaré de la «conciencia sutil del momento de la muerte» con relación a los estados más burdos.

Esta conciencia sutil del momento de la muerte es estrictamente neutra, pero en los tantras del Yoga Más Elevado se indica que ciertas prácticas tienen el poder de convertirla en positiva. Sea lo que sea, cuando las disoluciones tienen lugar sucesivamente hasta provocar la muerte, surge de repente un «yo», un yo vinculado a la existencia real del individuo, el sentimiento de haber dejado de existir. Y es este sentimiento el que desencadena el bardo.

De modo que cuando se extingue la clara luz de la muerte, se manifiesta el bardo. En el bardo tenemos un cuerpo sutil en comparación con el cuerpo material de carne y hueso. Para los seres con una forma sutil las distancias no cuentan, y al tener un cuerpo sutil, sólo con desear una cosa ya se cumple. En este bardo cada siete días se completa un ciclo.

El sistema de los bardos es característico de los tantras. Algunos sutras también se adhieren a él, pero no lo tratan tan detalladamente como los tantras. El cuerpo especial que uno posee en el bardo se parece al cuerpo que tenemos en los sueños. No me refiero a la percepción del cuerpo en los sueños ordinarios, sino en el yoga del sueño, etc. Algunas personas pueden tener sueños especiales al despertarse los esquemas kármicos idóneos para ello. Otras incluso pueden separar el cuerpo onírico del cuerpo físico.

Por lo general se explica que el cuerpo onírico especial es el producto del «aliento» o de una aspiración particular del meditador. A nivel de los sutras, no existe ninguna práctica que se centre en particular en el dormir ni en los sueños, pero en los tantras del Yoga Más Elevado se explican las prácticas, o técnicas meditativas, del dormir, de la clara luz y del sueño.[11]

Hay cuatro formas de nacimiento: de una matriz, del calor y la humedad, de un huevo y por milagro. Ahora examinaremos el bardo con relación al nacimiento a través de una matriz. El bardo finaliza en el preciso momento de la concepción. Los textos precisan que la concepción tiene lugar cuando el esperma del padre y el óvulo de la madre se unen durante la copulación.

En la actualidad se habla de «niños probeta».[12] La concepción puede, pues, realizarse por numerosas vías. Estamos presenciando la aparición de un nuevo paradigma. Me han contado que es posible tener hijos[13] sin necesidad de un padre, a partir de una sola célula de la madre, sin que participe la simiente paterna. Después de esta teoría,[14] se podrán fabricar seres humanos. Pero no veo que sea negativo. Hace cientos de millones de años que el nacimiento depende del encuentro de la semilla paterna con el óvulo materno. Pero si nos remontamos al origen, cuando surgió el primer ser vivo, descubrimos que en aquel instante la distinción entre padre y madre aún no había aparecido. Fue poco a poco que el sistema de concepción fue modificándose.

El *Sutra enseñado a Nanda sobre la entrada en la matriz*[15] explica que a partir del momento en que el ser es concebido en una matriz, se va formando semana tras semana hasta tener un cuerpo viable. Es así como se inicia el elemento de la producción interdependiente denominado «nacimiento». Y explica también que desde el primer día de nacer el sufrimiento va aumentando. A partir de ese momento, el aspecto de la «vejez» del elemento «vejez y muerte» no se limita sólo a la vejez propiamente dicha, sino que más bien señala el hecho de que en el instante de ser concebidos en una matriz empieza el proceso de nuestro envejecimiento.

Los dos últimos elementos de la serie, «nacimiento» y «vejez y muerte», deben comprenderse como el conjunto de los sufrimientos de una vida humana, empezando por los de la vejez, muerte y enfermedad. Nuestra vida se inicia con el elemento «nacimiento» y se acaba con el aspecto «muerte» del elemento «vejez y muerte». Entre los dos se manifiesta un rico cúmulo de sufrimientos, empezando por la enfermedad, la vejez, la vana persecución de lo que uno desea y la penosa confrontación con lo que uno no desea en absoluto.

El sufrimiento propiamente dicho, llamado «sufrimiento del sufrimiento», designa los sufrimientos del nacimiento, de la vejez, la enfermedad y la muerte. Pero en tal caso, ¿qué se entiende por el «sufrimiento del cambio»? La sensación dolorosa. De hecho, incluso la sensación agradable. En realidad, no es extraño que una sensación dolorosa que disminuye se sustituya progresivamente por una sensación de bienestar. Y, en cierto modo, cualquier sensación agradable acaba estropeándose. Asimismo, las perfecciones de este mundo, sean las que sean, acabarán por decaer. Así pues, lo que se eleva acabará por caer; lo que se ha acumulado acabará por agotarse; los que se han reunido deberán separarse; todo lo que ha nacido morirá.

Y también sufrimos al poseer lo mejor que hay en este mundo. Por ejemplo, podemos ser célebres y ricos hasta sentirnos hastiados o asqueados, lo cual representa una fuente de tormentos. Pero cuando no poseemos ninguna de estas «perfecciones», también sufriremos al vernos privados de ellas. ¡Y al tenerlas nos angustia la idea de que se estén deteriorando! Todo esto es sufrimiento.

Nuestra búsqueda del bienestar tiene como objetivo la satisfacción, todo lo hacemos para ser felices. Realizamos nuestros deseos para sentirnos contentos. Pero si nunca llegamos a «tener bastante», aunque poseyéramos todas las maravillas del mundo, jamás de los jamases nos podrían proporcionar una entera satisfación. Ahora bien, la insatisfacción también es sufrimiento.

La tercera clase de sufrimiento es el sufrimiento «que impregna el mundo condicionado». Al hablar del sufrimiento «de la composición», significa que mientras que el nacimiento dependa del karma y de las emociones negativas, no puede haber nada ni nadie que no empiece sufriendo y acabe también sufriendo.

En el fondo la verdadera felicidad no existe.

Al comprenderlo, el Buda enseñó las Cuatro Nobles Verdades y sus dieciséis subdivisiones, empezando por la verdad del sufrimiento, cuyas cuatro características revelan la impermanencia, el carácter doloroso, la inesencialidad y la vacuidad de todas las cosas.

El Buda no habló de la impermanencia corriente, sino de la sutil, la destrucción que tiene lugar a cada instante. Cada instante muere en el siguiente. Se extingue en él. No es que el instante ya no exista en el siguiente, sino que el instante existe destruyéndose mientras dura. ¿Pero qué es lo que lo ha producido y lo ha hecho durar? El instante no se destruye al durar, ni al cesar, con la aparición del siguiente instante, sino que la propia causa de la producción del instante es la causa de su destrucción. Existe porque su causa lo produce como una entidad autodestructiva incapaz de substistir. Así pues, el instante depende de una causa distinta a él.

De los doce elementos de la producción interdependiente, once proceden exclusivamente de la ignorancia, dependen de ella. Al hablar de la «ignorancia primordial», al explicar que la ignorancia aparece en primer lugar y la composición en segundo, quiero decir que cada elemento es la condición necesaria para la manifestación del siguiente. Lo cual no significa que el fin de un elemento comporte el fin del elemento siguiente. Los elementos anteriores producen los siguientes, y éstos dependen de todos los precedentes.

Al fin y al cabo, el círculo de nuestras existencias, el «samsara», depende totalmente de la ignorancia, y ésta es una emoción negativa. La palabra «ignorancia» designa toda conciencia que aporte una emoción negativa a un determinado individuo, un malestar o un sinsabor.

Según el *Ingreso en el camino de la Iluminación,* el verdadero enemigo son las «emociones negativas». Si el enemigo ordinario puede llegar a convertirse en un amigo, en el caso del enemigo interior, de la emoción negativa, nunca podrá llegar a suceder. Por este motivo creo que la vida no puede ser agradable si estamos sometidos al enemigo de las «emociones negativas», ya que lo único que sabe hacer es molestar.

En el seno de las Cuatro Nobles Verdades que el Buda enseñó, la verdad del sufrimiento es el efecto de la verdad del origen del sufrimiento, la cual es la causa. Ya os he explicado que la causa inicial era la ignorancia realista, y que ésta tenía el poder de producir los sufrimientos del nacimiento, de la vejez, la enfermedad y la muerte, y que la verdad del sufrimiento consistía en todo esto. ¿Es correcto el orden en que los he nombrado?

Así como el Buda enseñó que era necesario tomar conciencia de que uno estaba enfermo y suprimir la causa de la enfermedad, al meditar, empezaremos reflexionando en el sufrimiento. Al pensar en él deseamos que desaparezca. Y al desear que desaparezca, queremos eliminar la causa. Por esta razón el Buda enseñó en primer lugar el sufrimiento. Sólo después enseñó el origen del sufrimiento.

Cuando pensamos en el sufrimiento, la idea de depender de las emociones negativas nos causa infelicidad, y sólo a partir de este momento empezamos a «renunciar» literalmente, a «querer librarnos de ellas». La mayoría sabemos, quizá por haberlo experimentado personalmente, que podemos debilitar estos estados que indican apego y odio. ¿Pero es posible destruir las emociones negativas desde la raíz? ¿Existe un estado en el que nos liberemos totalmente de las emociones negativas? Debemos reflexionar sobre ello, ya que nos conduce a la «verdad de la cesación».

La *verdad de la cesación* designa el fin, o cesación, con la ayuda de un antídoto. Se denomina «cesación» a aquello que, con la ayuda de un antídoto, impide que puedan nacer (el sufrimiento y las emociones negativas) en aquel que todavía no ha elaborado este antídoto.

Pero en la cesación, ¿qué es lo que cesa? El sufrimiento y su causa. ¿Cómo se logra? Con la ayuda de un antídoto. Para cada tipo de causa de sufrimiento, esta o aquella condición será un antídoto que le impedirá reproducirse y la transformará en algo incapaz de reproducirse. Así pues, se llama «cesación» a la producción del antídoto.

Como ya hemos visto, desde cierto punto de vista, la esencia de la mente es la clara luz, y decir que la clara luz originaria innata es «neutra», significa que la naturaleza conocedora y clara de la mente permanece siempre pura. Hay momentos en los que la mente de clara luz está acompañada de impurezas. Como en algunas condiciones pueden haber impurezas, se dice simplemente que las impurezas no han sido eliminadas. Pero mientras la clara luz se manifieste, las emociones negativas no podrán manifestarse. Por tanto, la conciencia distorsionada, que se *añade* a la clara luz esencial de la mente, es la estupidez realista en la que se arraigan las emociones negativas, ya que una conciencia distorsionada no puede apoyarse en ningún criterio de verdadero conocimiento.

Cuando en la *Continuidad más elevada,* Asanga escribe que las «impurezas son momentáneas», no quiere decir que surjan de la nada, sino que son momentáneas porque a pesar de existir desde los tiempos sin inicio, siempre podemos desprendernos de ellas. Está en la naturaleza de la mente de clara luz el poder conocer los objetos, alcanzar los logros y las otras cualidades. Según Asanga, la mente de clara luz posee naturalmente todas las cualidades. Su poder de manifestarlas no procede de determinadas condiciones, sino que le es inherente. Dado que existe un fuerte antídoto para eliminar esas condiciones, que son momentáneas, ya que siempre podemos desprendernos de ellas, y dado que las impurezas son momentáneas, y las cualidades inherentes (a la esencia de la mente), es posible alcanzar la Iluminación, la verdad de la cesación, etc.

Después de todo cuanto he dicho, ¿creéis que es posible alcanzar la verdad de la cesación? Cuando llegamos a comprenderla, uno siempre es feliz, y no me refiero a experimentar una sensación agradable, sino a un estado de constante felicidad.

¿Dónde actúa la verdad de la cesación? En la mente. Basándose en la esencia de esta verdad, las escuelas budistas han expuesto diferentes tesis, y los prasángikas explican que la verdad de la cesación no es otra que la verdad absoluta. Los eruditos tibetanos también han expuesto tesis contradictorias sobre este tema. Según el pensamiento que se deduce de los escritos de Nagârjuna, la verdad de la cesación no es tan sólo la verdad absoluta, sino la mayor felicidad que existe, si la aplicamos a la naturaleza de la mente.

De ahí que en su *Tratado fundamental*[16] Nagârjuna diga que la «liberación es el hecho de agotar el karma y las emociones negativas». Con ello quiere decir que la «liberación» indica el «agotamiento del karma y de las emociones negativas» con la ayuda de los antídotos apropiados».

En tal caso, ¿qué debemos hacer para eliminar el karma y las emociones negativas?

El karma viene de las emociones negativas, y éstas son el efecto de los pensamientos de una actividad mental incorrecta. Los pensamientos de una actividad mental incorrecta, dice Nagârjuna, proceden de las construcciones conceptuales de la creencia realista:

> «La liberación es el hecho de agotar el karma y las emociones negativas.
> El karma y las emociones negativas proceden de los pensamientos discursivos.
> Éstos surgen de las construcciones de los conceptos...[17]»

Por tanto, el karma y las emociones negativas proceden de una actividad mental incorrecta.

Los «pensamientos discursivos... surgen de las construcciones de los conceptos», y estos pensamientos discursivos, que en realidad son una actividad mental incorrecta, proceden de las construcciones conceptuales de la creencia realista:

> «... pero las construcciones de los conceptos
> cesan gracias a la vacuidad.[18]»

Es decir, estas construcciones realistas cesan al conocer directamente la vacuidad.

Este último *pâda* (pie) presenta en el sánscrito original una forma[19] que puede interpretarse de dos maneras: «*gracias* a la vacuidad» y «*en* la vacuidad». Al conocer directamente la vacuidad, que es el antídoto de las construcciones del realismo, éstas cesan *gracias* a la vacuidad. O bien, al conocer directamente la vacuidad, ¿dónde se purificarán las impurezas? Se purificarán *en* la dimensión absoluta de la vacuidad. Lo cual conduce a la otra interpretación de: «... cesan en la vacuidad».

Cuando la clara luz natural de la mente va acompañada de pensamientos discursivos sustancialistas, la clara luz originaria forma el terreno en el que gira el samsara de estos pensamientos realistas momentáneos que perciben la vacuidad de manera distorsionada. Cuando la mente que ha reconocido su modo real, la «vacuidad», se ha efectivamente habituado a esta verdad, el realismo,[20] que tiene una percepción distorsionada del modo real de la mente, se encuentra purificado en la dimensión absoluta de la propia mente.

En consecuencia, todo aquello que conduce desde la libertad conquistada con la ayuda de los antídotos apropiados para las distintas emociones negativas, hasta la libertad del cuerpo esencial de la budeidad, al igual que todo aquello que va desde la senda sin obstáculo de la senda de la visión, el antídoto directo de las emociones negativas, hasta el cuerpo absoluto de sabiduría de la budeidad, todo ello constituye la noble verdad de la senda.[21]

Las libertades que comprenden desde la libertad de haber eliminado ciertas emociones negativas hasta la de haber alcanzado el cuerpo esencial de la budeidad, que es en sí mismo la libertad de haber eliminado totalmente las emociones negativas, todas estas libertades constituyen la verdad de la cesación. Aquello que conduce directamente a ella, es la verdad de la senda. Concebidas de ese modo, las verdades de la senda y de la cesación representan la verdadera Joya del Dharma.

Se denomina «Comunidad de aprendices» a los que tienen en su interior las cualidades de la cesación, pero que aún tienen que manifestarlas.

La «Comunidad de los que ya no son aprendices», es decir,

los budas, designa a los que han alcanzado las cualidades supremas y ya no tienen que seguir ninguna senda, puesto que han eliminado todo cuanto era necesario eliminar y poseen la suma total de cualidades.

Esto es lo que se denomina las «Tres Joyas».

¿Cómo tomar refugio en el Buda, el Dharma y la Comunidad? Podemos hacerlo conociendo todos los detalles del triple refugio, pero esta clase de erudición no es indispensable. El Buda, el Dharma y la Comunidad no serán menos sublimes por ello, y quienes deseen tomar refugio en las Tres Joyas pueden hacerlo de varias maneras.

27 de abril, 1997, tarde

PREGUNTAS Y RESPUESTAS

Algunas personas afirman que no es necesario creer en la reencarnación para ser budista. ¿Qué piensa de ello Su Santidad?

¿Cuál es la diferencia entre un budista y un no budista? El primero ha tomado refugio,[1] el segundo no. Como ya hemos visto, hay muchas maneras de tomar refugio. En el caso de alguien con una total fe en las Tres Joyas, como, por ejemplo, yo, ¿cuál es mi experiencia al respecto? Creo en el Buda desde mi más tierna infancia, pero como ya he dicho, he reflexionado sobre el conjunto de la senda, y en la medida de la convicción que esta reflexión me ha permitido alcanzar, mi fe en el Buda no ha dejado de aumentar.

Mientras no se tenga, intelectualmente, una idea clara de la vacuidad, la «liberación» no es más que una palabra. En tal caso, resulta difícil tener la menor idea de lo que este término entraña, es muy difícil imaginar aquello que llamamos «Iluminación». De modo que es muy importante que aquel que se interesa por la Iluminación, que aquel que toma refugio en el estado de la Iluminación, tenga una buena comprensión intelectual de la vacuidad.

Si nos basamos en la visión prasángika, ninguna de las escuelas inferiores de pensamiento budista, incluido los mâdhyamikas-svâtantrikas, ha entendido realmente la visión de la vacuidad. Los vaibhâsikas, por ejemplo, tratan la visión mâdhyamika de nihilista, no sólo la rechazan sino que no ven en ella nada positivo.

Sin embargo, la razón principal por la que los budistas consideran que el Buda es un pensador sin igual, es por su filosofía del vacío como producción interdependiente.[2] Uno no es budista si cree en Buda pero niega el vacío y las interdependencias. Yo no puedo decidir nada, pero creo que si no se acepta la sucesión de vidas, es muy difícil poder alcanzar la omnisciencia, y tener además una idea clara de lo que ésta significa. Sin embargo, algunas personas que no creen en las vidas sucesivas toman refugio en el Dharma. Para ellas, el llamado Buda era un gran maestro de la no-violencia y un gran, un supermaestro de la compasión. Esto no se aleja del pensamiento budista, pero no basta para ser budista. Incluso afirmaría que no poder comprender la multiplicidad de vidas es como, por ejemplo, no poder comprender que todo es vacío e interdependiente.[3]

¿Nos podemos liberar del apego sólo a través de la meditación analítica? ¿No puede causarnos frustración?

Para adquirir una certeza es preciso, en primer lugar, analizar sus razones, de ahí que la meditación analítica sea necesaria. Pero al concluir la meditación analítica, en la mente se habrá producido un cambio, y sea cual sea el objeto analizado, la mente analítica habrá adquirido una cierta fuerza, y será entonces cuando deberemos mantener la certeza adquirida, relajarnos por completo y pasar a efectuar una meditación contemplativa.

Chandrakîrti declara que nada tiene una existencia real, ya que nada nace de sí mismo, ni de otra causa, ni al propio tiempo de sí mismo y de otra causa, ni de ninguna causa. Si es así, las causas tampoco existen realmente. En tal caso, ¿cómo funciona el encadenamiento de causas y efectos?

Al decir que una cosa no existe a nivel de la verdad absoluta, por «verdad absoluta» se entiende dos cosas: una verdad absoluta para la razón que analiza el estado último de tal o cual objeto, y una verdad absoluta en relación a lo que debemos negar, en concreto, la existencia real de tal o cual objeto. Dentro de la verdad absoluta de la razón analítica, si los fenómenos relativos existen, su existencia es absoluta.

Siguiendo con el tema de las dos verdades absolutas, los fenómenos relativos no existen realmente a nivel de la primera verdad, y su existencia no es para nada absoluta a nivel de la segunda verdad. Sin embargo, la verdad absoluta, la vacuidad, no es algo que exista realmente: es esta existencia real lo que se niega y, por tanto, el hecho de no tenerla es un aspecto de la verdad absoluta. Como la vacuidad carece de existencia real, tampoco existe a nivel de la segunda clase de verdad absoluta. En cambio, considerada como aquello que descubre la razón que analiza el estado último de tal o cual objeto, la vacuidad existe realmente a nivel de la primera verdad absoluta.[4]

Al decir que una cosa «no existe por naturaleza» o «por esencia», es preciso considerar dos naturalezas o esencias: una naturaleza de las cosas no analizadas y una naturaleza de las cosas que no se limita a su apariencia. Hasta ahora, sólo hemos estudiado la esencia de las cosas tal como aparecen. Las flores, por ejemplo, o el sí mismo, el individuo, se han estudiado sólo ateniéndonos a la apariencia.[5] En el caso del Buda y del Dharma sucede lo mismo. Hablamos de producción y de cesación que se manifiestan constantemente. Pero cuando las meras apariencias no nos satisfacen, podemos preguntarnos si existe objetivamente un yo independiente. Pues bien, no. En tal caso ¿existe un buda independiente? Tampoco. ¿Una producción independiente? Tampoco. Al comprenderlo Nagârjuna explica en su *Tratado fundamental* que como las cosas no existen por esencia, tan sólo son «designaciones dependientes».

¿Pero que se entiende por «una cosa que no existe por esencia»? Nagârjuna responde: «Una cosa que no puedes encontrar al buscarla». No es que aquello que no encontramos al buscarlo no exista *en absoluto.* Sí que existe. ¿Pero cómo? Como una designación dependiente.

Cuando Nagârjuna afirma que las cosas no existen por esencia porque son designaciones dependientes, quiere decir que aquello que existe existe siempre dependiendo de otra cosa y que, por tanto, no existe por esencia (o en sí mismo). No es que no haya nada. Si fuera así, al buscarlo no podríamos encontrar nada, y los sabios hablarían de «nada». De modo que es muy importante establecer claramente la diferencia entre «existir» y «existir realmente», y entre «no existir» en absoluto y «no existir realmente».

Esas flores, por ejemplo, existen, pero no realmente. Por esa razón los sustancialistas se alzan contra los mâdhyamikas acusándolos de nihilistas. El mismo Asanga, en su *Obra de las bases objetivas*[6] y sus *Diez Tierras,*[7] califica la visión mâdhyamika de nihilista. Pero cuando podemos ver la vacuidad como una producción interdependiente, no corremos el riesgo de caer en el nihilismo, sino que nos liberamos de él. Nos volvemos nihilistas cuando, por el contrario, tomamos el vacío como si fuera una máquina que lo vacía todo. Por tanto, eso existe porque es vacío y es vacío[8] porque existe. ¿Acaso no se ha escrito en la *Quintaesencia del Conocimiento trascendental*[9] que: «La forma[10] es vacío y la vacuidad es forma»?

En los primeros días de la humanidad, quizá sólo había algunos centenares de seres humanos sobre la Tierra, pero en la actualidad se han multiplicado hasta llegar a seis mil millones. ¿Cómo es posible en relación a la reencarnación? ¿Cómo el número de seres animados puede por lo visto seguir aumentando si algunos seres ya no vuelven a reencarnarse tras haber alcanzado el nirvana? La población más bien tendría que disminuir. En tal caso ¿de dónde vienen todos esos seres?

El universo es ilimitado. Hay seres que vienen de otros mundos, y los hay que abandonan nuestro universo para dirigirse a otros. Por lo visto las galaxias son infinitas. ¿Acaso he dicho nunca que la entidad individual exista realmente? Como los seres animados son infinitos, es imposible calcular cuántos hay, su número no aumenta ni disminuye. Toda criatura nueva surge de causas y condiciones momentáneas, ¿no es cierto? No deberíamos creer que no hay un inicio.

¿Cómo podemos perdonar y olvidar las experiencias pasadas que nos han causado sufrimiento?

Debemos perdonar, pero no olvidar. Para un budista es útil pensar que se ha agotado un karma individual.[11] Y al recordar todos los sufrimientos pasados, podremos alegrarnos de haber agotado tanto karma. Al parecer, la práctica del intercambio[12] y el hecho de aceptar todos los sufrimientos posibles[13] proporcionan una gran fuerza anímica y muchas alegrías. Pero en el caso particular de los que no se interesan por el Dharma, un sinsabor siempre puede suscitar otro, debemos intentar ver las cosas desde diferentes puntos de vista.

¿El karma del padre o de la madre pueden influenciar al hijo? ¿Pueden transmitírselo? ¿Existe alguna relación?

El karma no se puede influenciar. Sin embargo, al influenciar a otra persona, debilitamos su antiguo karma aumentando su karma reciente. Pero no sabría decir si el propio karma se influencia.

En un mundo inundado de armas, asesinatos e injusticias ¿cuál es la senda que nos aleja de las emociones negativas y transmuta la cólera en luminosidad de espíritu?

¿Quizá la persona que me ha formulado esta pregunta no ha tenido ocasión de leer el capítulo dedicado al «Cuidado de la atención» en el *Ingreso en el camino de la Iluminación*? Santideva dice, en esencia,[14] que si la tierra estuviera llena de espinas que nos hirieran los pies, nunca tendríamos suficiente cuero para cubrirla totalmente, y que es mejor atarse dos suelas de cuero a los pies para tener la sensación de que toda la tierra está protegida.

En tal caso:

> «El cielo está lleno de seres irritantes,
> y nunca dejará de haberlos.
> El hombre que vence su propia cólera
> vence sin duda a todos sus enemigos.[15]»

Ahora meditemos durante tres o cuatro minutos.

28 de abril, 1997, mañana

CONFERENCIA

Los cuatro cuerpos de Buda. Las dos formas de tomar refugio en las Tres Joyas.

La verdad de la senda. El adiestramiento del conocimiento, la disciplina y el profundo recogimiento. El conocimiento a través de la «escucha», el conocimiento a través de la reflexión y el conocimiento a través de la meditación. Prasanga y razonamiento.

El maestro espiritual.

El adiestramiento de la disciplina.

Hasta ahora os he presentado los tres refugios a partir de las Cuatro Nobles Verdades y de las Dos Verdades fundamentales. Todas las religiones ofrecen un «refugio», pero los tres refugios del budismo se exponen del siguiente modo: desde el momento que la verdad de la senda ha producido en él la Joya del Dharma, el individuo se convierte en miembro de la sublime Comunidad. Más tarde, como su continuo psíquico no deja de perfeccionarse, se convierte en miembro de la Comunidad de los que han dejado de ser aprendices, compuesta por los sublimes Budas. Así pues, el Dharma y la Comunidad van en primer lugar. Sólo tras alcanzar los niveles del Dharma y la Comunidad se actualiza el nivel de Buda.

Ahora estudiaremos el proceso de la aparición de las enseñanzas. En primer lugar aparece un Buda. Este Buda pronuncia las enseñanzas de transmisión. Al pronunciarlas, produce la Joya del Dharma, que puede resumirse en las verdades de la cesación y de la senda, en el continuo psíquico de sus discípulos. Éstos constituyen la Joya de la Comunidad. Por tanto, el Buda no fue el Buda desde el principio. Primero tuvo que recorrer la fase preliminar de la senda de los aprendices, fue sólo más tarde que se convirtió en el Buda.

¿Quién es Sakiamuni, el Buda «histórico» sobre el que ayer hablé?

Después de la *Continuidad más elevada,* un tratado del Gran Vehículo, el cuerpo absoluto de Buda, que permanece en un estado de talidad sin alejarse nunca de él, esta dimensión inmaculada que no se aparta jamás de lo real y donde todas las construcciones conceptuales se aquietan totalmente, ha recibido el nombre de «cuerpo absoluto para el propio bien».

¿Cuál es la causa necesaria para alcanzar el cuerpo absoluto para el propio bien? Se alcanza al proponerse hacer el bien a los demás. Desde ese momento, como esta realización es necesaria para actuar en bien de los demás, las configuraciones del cuerpo formal adaptado a la conversión de cada uno surgen espontáneamente y sin esfuerzo de la dimensión del cuerpo absoluto: se trata de un «cuerpo formal para el bien de los demás».

Este cuerpo formal para el bien de los demás es doble. Por una parte está el «cuerpo de gozo» que existe constantemente, dotado de cinco certezas;[1] en general, sólo los sublimes bodhisatvas pueden percibirlo, los seres ordinarios normalmente no pueden, eso es lo que llamamos «cuerpo que ha perfeccionado todos los gozos». Y, por otra, está el «cuerpo de aparición», que tiene este nombre porque «aparece», o se manifiesta, en los campos que no han sido purificados por el cuerpo de gozo, a los seres ordinarios con un karma lo suficientemente puro.

Así pues, los mil y un budas que honran esta Buena Era[2] con su presencia son sólo «cuerpos de aparición supremos». El Vencedor Sakiamuni es el cuarto de estos guías. El protector Maitreya, el futuro Buda, será el quinto. Algunos pretenden que Maitreya ya ha aparecido. Yo no lo creo. Los textos sólo quieren decir que mucho tiempo después de la desaparición de las enseñanzas del Buda León de los sakias, vendrá el protector Maitreya. No es que haya ya salido de su escondite y se vaya acercando poco a poco.

Volvamos a los cuatro cuerpos.

¿Qué son?

El cuerpo absoluto se divide en cuerpo absoluto de sabiduría y cuerpo esencial.

El cuerpo absoluto de sabiduría no es otra cosa que la sabiduría que conoce directamente todos los fenómenos que designan las «dos verdades». ¿Cómo puede ser? Al poseer las cualidades de la emancipación, que aparecen tras haber eliminado el velo cognitivo que obstaculizaba la percepción simultánea de las dos verdades, es posible alcanzar la sabiduría omnisciente. De ahí que se distinga el cuerpo absoluto de sabiduría de Buda de su cuerpo esencial.

A su vez, el cuerpo esencial es doble: el cuerpo esencial *súbitamente puro* y el cuerpo esencial *naturalmente puro.*

El cuerpo esencial súbitamente puro designa la emancipación de aquel que ha eliminado todas las impurezas; y esta posibilidad de encontrar de nuevo la pureza de forma súbita es un efecto de su pureza natural. Por tanto, el cuerpo esencial de Buda tiene dos aspectos. Reunidos en un solo cuerpo constituyen el cuerpo esencial. Así pues, los cuatro cuerpos son: el cuerpo esencial, el cuerpo absoluto, el cuerpo de gozo y el cuerpo de aparición. En los Tantras Más Elevados aparecen unas diferencias muy ínfimas en la definición de los cuatro cuerpos.

Sin embargo, los vaibhâsikas sostienen que el Buda alcanzó primero el nirvana sin restos y que después el flujo de su conciencia se interrumpió, con lo que su continuo cesó, como la llama de una lámpara que se extingue. En el sistema de los cuatro cuerpos, se explica que las configuraciones de los cuerpos de aparición se manifiestan a partir del cuerpo de gozo, y que el cuerpo de gozo emite las configuraciones del cuerpo de aparición y las reabsorbe.

El Buda no enseñó los sutras del Gran Vehículo públicamente. Estas enseñanzas iban destinadas a algunas personas con un karma purificado, y en cuanto a las enseñanzas propias del Vehículo Adamantino de las Fórmulas Secretas, iban dirigidas incluso a un número de personas más limitado.

Cuando el Buda enseñó las configuraciones del cuerpo de gozo y del cuerpo de aparición, no lo hizo bajo el aspecto de «buda histórico», sino más tarde y bajo otros aspectos.

Es imposible decir si, por ejemplo, los ciclos místicos que emanan de las visiones experimentadas por los maestros de nuestra generación son todos dignos de fe. Para que este tipo de ciclos sean auténticos y dignos de confianza, deben emanar de la visión perfectamente clara de una u otra deidad de las Tres Raíces,[3] debe ser tan nítida como cuando dos personas se encuentran. De ahí que seres como Sakiamuni o Nagârjuna puedan en la actualidad aparecerse aún a personas con un karma puro. Esta aparición no es efecto del monólogo interior, ni fruto de la imaginación, sino que ocurre realmente, como cuando dos personas se encuentran y una recibe enseñanzas de la otra o le formula preguntas para resolver sus dudas.

Takloung Shapdroung Rimpoché[4] me contó una historia interesante a este respecto. Un día que Dilgo Khyentsé Rimpoché[5] estaba recibiendo enseñanzas takloungpas de él, en Nepal, en el preciso momento en que le transmitía cierta sección de un ciclo particular, Khyentsé Rimpoché vio con toda claridad en la superficie de las vigas del techo cómo sus maestros principales y los maestros de la línea de ese ciclo le iban instruyendo. Takloung Shapdroung Rimpoché es realmente un anciano y genuino lama. Pasó muchos años en las prisiones chinas. No alberga ni la menor esperanza ni el menor temor, y jamás proferiría una mentira.

Por tanto, la experiencia que cada persona tiene o ha tenido, según sus facultades, debería poseer la fuerza de esta asombrosa vivencia. Si aceptamos el sistema de los cuatro cuerpos, este tipo de fenómenos pueden explicarse. Pero si no los aceptamos, resulta imposible.

¿Las Tres Joyas, de qué son «refugio», y cómo podemos «tomar refugio» en ellas? Podemos tomar refugio en el Buda, el Dharma y la Comunidad que acabamos de ver depositando nuestra confianza en ellos. Aquel que así actúa se convierte en un miembro de la Comunidad, y esto debería producir en su continuo psíquico la Joya del Dharma, que consiste en la cesación y la senda.

Podemos también tomar refugio jurando hacer todo lo posible por despertar de manera manifiesta y perfecta. De estas dos formas de tomar refugio, la más importante es la segunda. ¿Pero es posible, tras haber jurado alcanzar la budeidad, obtener el nivel de las Tres Joyas y actualizar la budeidad suprema? El «potencial» o «naturaleza» de buda lo garantizan.

Los chittamâtrins, por ejemplo, postulan también que en definitiva hay tres vehículos. Si, por ejemplo, he alcanzado el despertar de los Oyentes, no puedo ir más lejos; y es imposible que un Iluminado solitario supere el despertar que le es propio. Considerando que algunas familias de seres pueden alcanzar la budeidad (y otras no,[6] hay budistas que) juzgan en definitiva como cierta esta distinción de los tres vehículos de realización.

Sin embargo, en el Camino Medio, aunque se admita la existencia temporal de familias determinadas, se reconoce que en definitiva, todos los miembros de las tres familias[7] son seres capaces de alcanzar la perfecta budeidad. Por tanto, los seguidores del Camino Medio admiten la existencia de un solo vehículo.[8]

En tal caso, ¿cómo debemos adiestrarnos en la senda? De las cuatro verdades, la denominada «verdad de la senda» designa la senda principal, la «senda sublime». Para generar cualidades como las de la senda sublime, debemos, a partir de este momento, adiestrarnos en la senda que empieza en el nivel de los principiantes.

En resumen, las cualidades de la senda sublime son dobles: en primer lugar, las cualidades vinculadas al hecho de abandonar las emociones negativas o de emanciparse de ellas; y en segundo, las cualidades de la realización.

Sin embargo, no podemos eliminar en el acto aquello que es necesario eliminar, pero a partir de este momento debemos empezar por no realizar acciones incorrectas. Aunque no podamos gozar en este preciso instante de las cualidades de la sublime sabiduría, deberíamos ser capaces de cultivar ciertas cualidades que conducen a este logro.

Ahora bien, todo ello puede resumirse en el triple adiestramiento: disciplina, recogimiento y conocimiento.

En sus *Cuatrocientas Estrofas*[9] Aryadeva[10] escribe:

> «En primer lugar, abandonar lo no meritorio,
> después negar el sí mismo,
> por último, disipar cualquier opinión:
> al dominarlo, se llega a ser un sabio.»

Es decir, en primer lugar debemos evitar realizar actos no meritorios, los que nos proyectan hacia los malos destinos.[11] En segundo lugar, es preciso dejar de creer en el sí mismo. Y en el tercero, debemos rechazar nuestra nefasta tendencia a alimentar opiniones.

En su *Lámpara de la Senda,*[12] Atisa Dipámkara[13] habla de seres pequeños, medianos y grandes. Hay diversas formas de explicar lo que Aryadeva entiende por «negar el sí mismo» y «disipar cualquier opinión», pero creo que podemos considerar estas ideas según esas tres clases de seres.

Para poder adiestrarse en la senda, primero es necesario adquirir lo que se denomina el «conocimiento nacido de la escucha».[14] Después, reflexionar sobre lo que se ha aprendido de los demás, cada uno por sí mismo, repitiendo sin cesar el ejercicio que combina el análisis y la contemplación hasta tener la certeza de haber encontrado lo que uno buscaba. Ése es el segundo conocimiento, el «nacido de la reflexión». Más tarde, cuando uno medita concentrándose[15] y tiene una experiencia auténtica, experimenta lo que se denomina «el conocimiento nacido de la meditación».

Al buscar una convicción íntima, uno empieza por desprenderse de los prejuicios nacidos de la percepción distorsionada de las cosas, y se ve obligado a dudar. Pero, avanzando en la reflexión, llega a una comprensión estrictamente intelectual, en la que se dice que quizá ha encontrado lo que buscaba. Y siguiendo en el empeño y razonando sin cesar, se llega a una conclusión decisiva, a una profunda certeza, la cual es el verdadero conocimiento procedente del razonamiento deductivo. Por último, el hecho de adquirir el sólido hábito de esta verdad y de conseguir una visión clara del objeto de la meditación es lo que se denomina «habituación efectiva».

Para eliminar los conceptos erróneos surgidos de la fijación en uno de los extremos, es importante recurrir al *prasanga,*[16] y para sacar una deducción correcta, al razonamiento lógico. Cuando comúnmente decimos que «tal cosa no existe», se parece al *prasanga;* y cuando decimos que «esto es aquello» es un poco como si razonáramos. Los maestros Dingnâga[17] y Dharmakîrti[18] han escrito mucho sobre el prasanga y el razonamiento, ya que son temas esenciales. Sin embargo, el prasanga y el razonamiento no siempre están destinados a debatir con los demás, sino a discutir, según el pensamiento de cada uno, el concepto erróneo y el pensamiento correcto. Se parece un poco al debate entre el amor hacia sí mismo y el amor hacia los demás que aparece en el capítulo de la «Concentración meditativa» del *Ingreso en el camino de la Iluminación.*

De modo que mientras uno practica individualmente, debe ejercitarse en el debate. A través de él reflexiona y el pensamiento erróneo del adversario expone sus razones, puesto que explicará que es de ese modo, que aquello es lo que él cree, y será necesario contradecirle. En este sentido, la «escucha», que representa el primer paso para conocer las enseñanzas, debe obedecer a una regla esencial: evitar cualquier desviación posible al seguir al maestro que nos instruye.

Las «instrucciones explicativas» consisten principalmente en diferentes aproximaciones destinadas a eliminar las falsas concepciones. Al no poner énfasis en ellas, sino en la propia práctica, las instrucciones siguen las experiencias del meditador, y en tal caso se habla de «instrucciones de práctica».

Puede suceder también que el maestro empiece ofreciendo algunas instrucciones sucintas necesarias para una sesión de meditación y haga meditar al discípulo. Esto puede durar uno o dos años. Cuando el discípulo alcanza la realización a través de la meditación, el maestro le da las instrucciones de la siguiente fase. Mientras el alumno no tenga una experiencia, no recibirá otras instrucciones. Pero cuando la experimente, las instrucciones que recibirá se denominan «instrucciones sobre la experiencia».

No podemos disipar las tinieblas de la ignorancia hasta no haber encendido la antorcha de la escucha.

Y además, si no hemos eliminado las falsas concepciones «escuchando», la meditación será como mínimo confusa. Si no hemos adquirido la menor convicción, nos preguntaremos si esta persona no será la que tenga razón, o quizá esa otra... En pocas palabras, correremos el peligro de imitar a los que creen siempre al último que habla.

No obstante, si estudiamos sin controlar la mente, alimentaremos nuestro orgullo con el Dharma y lo criticaremos todo; si nos llega a ocurrir, es como si el medicamento se hubiera transformado en veneno.

Aquellos que afirman que lo esencial es la práctica y que no es necesario escuchar las enseñanzas, aquellos que se obstinan en «practicar» declarando que el estudio no es necesario, no pueden eliminar sus falsas concepciones y, en lugar de meditar, no hacen sino contarse a sí mismos que han encontrado a las Tres Joyas. Pero mirándolo bien, no están seguros de nada.

En este sentido, el erudito no vale más que aquel que es íntegro, ni el íntegro más que el erudito. Tanto la erudición como la realización interior son necesarias. Pero si todo ello no se corona con las cualidades de la bondad, sólo pensaremos en beneficio propio, lo cual no sirve de nada.

Por lo general, es útil instruirse leyendo. Pero es esencial manifestar, en términos de experiencia, lo que los libros enseñan. Por esta razón es tan primordial el maestro espiritual. El Buda enseñó lo que se denomina los «cuatro atractivos», los enseñó principalmente para poder beneficiar a los demás, mientras que las seis virtudes trascendentes están más bien destinadas a beneficiar a aquellos que las practican. Los cuatro atractivos son la generosidad material, un modo de hablar agradable, la amabilidad y la adaptación.[19]

La «amabilidad» y la «adaptación» significan que el maestro atraerá al discípulo comportándose de forma agradable, y además que cada discípulo practicará las enseñanzas que el maestro adapte para él. Ése es un punto esencial.

Volviendo al tema de los cuatro cuerpos de Buda, por ejemplo, el logro de la budeidad se manifiesta bajo el aspecto de un cuerpo supremo de aparición. Durante seis años el Buda se entregó a las mortificaciones del ascetismo por nuestro bien. Por otra parte, siempre digo en broma que estamos en un error si creemos que el Dharma se practica sin necesidad de fatigarse y dejando las «mortificaciones» para Buda. El otro día, le dije bromeando a un monje cristiano: «Jesucristo sufrió mucho. Si creemos que basta con hacer esto en una iglesia [Su Santidad se santigua], estamos equivocados».

El maestro es aquel que «muestra», aquel que nos da el ejemplo de cómo debemos comportarnos. Así pues, Jesucristo, Mahoma y todos los grandes maestros muestran la senda a sus discípulos. Aquí es donde se aprecia la importancia del maestro espiritual.

Es fundamental concentrar toda nuestra atención en este

maestro tan importante. Es esencial examinarlo a fondo, y el Buda no ha escatimado detalles al describir las características indispensables del maestro espiritual, desde el maestro que expone las reglas de la disciplina monástica hasta el maestro diamantino que da las iniciaciones.

Si deseamos seguir a un maestro espiritual, es muy importante comprobar, en primer lugar, si reúne todas las características de un verdadero maestro. Si un «predicador» anuncia que va a enseñar el Dharma, podemos ir a escucharle, pero no debemos considerarlo de inmediato como nuestro maestro.

Pongamos, por ejemplo, esta reunión. ¿Es una conferencia o una enseñanza? Es preciso analizarlo. Debemos sin duda observar, durante años, si el que habla actúa en consonancia con lo que dice. No ceso de repetir a los periodistas que hay que tener buen olfato. Siempre se habla de «vida privada». ¿Pero hay una parte de nuestra vida que pueda ser «privada»? En realidad no debería haberla, ya que deberíamos ser tan claros de puertas afuera como de puertas adentro. Comportarse de una manera en público y actuar de otra en privado no es correcto, es una mentira. Por tanto, es indispensable examinar bien al maestro, si no nos arriesgamos a caer en una especie de «culto a la personalidad». Y los «budistas» no están a salvo de este tipo de peligros.

Con conocimiento de causa, el Buda enseñó las características del maestro espiritual y recomendó examinarlo a fondo para evitar cualquier forma de culto. Y en virtud de estas enseñanzas puede leerse en la *Regla del Santo Dharma* que debemos alejarnos de los maestros que «sostienen cosas contrarias al Dharma». De ahí que, en los sutras del Gran Vehículo, el Buda diga del amigo en el bien[20] que debe actuar de modo virtuoso y no al contrario. Asimismo, puede leerse en las *Cin-*

cuenta Estrofas sobre el maestro espiritual[21] que describen la manera de seguir a un maestro de los Tantras Más Elevados:

> «Aquello que no va en contra de la razón,
> es lo que debe practicarse.»

Es decir, si después de haber examinado las razones de tal o cual declaración del maestro, se experimenta la menor incomodidad al compararlas con el sistema general enseñado por el Buda, no deben aplicarse. Pero no sólo debemos limitarnos a ello. Los textos precisan que además debemos intentar comprender por qué no sería correcto aplicar tal o cual indicación del maestro con relación a la línea general de enseñanzas.

Siempre me preocupo por los estudiantes inestables. Al ser demasiado influenciables, creen que las personas con fama de tener muchos discípulos son los auténticos maestros, y entonces se precipitan a sus pies. Pero no es así como debemos actuar. Tenedlo en cuenta.

Antes de seguir a un maestro debemos leer muchos libros y comprenderlos a fondo. Sólo más tarde deberemos examinar al maestro, y si como resultado creemos que se trata realmente de un verdadero maestro, es bueno aceptarlo como maestro espiritual.

Pero si no empezamos por este examen, la práctica denominada «unión con el estado natural del maestro»[22] resultará muy penosa. De modo que no debemos lanzarnos a ciegas sin un previo examen, y sobre todo cuando se trate de elegir a un maestro espiritual. No nos aventuraremos al azar, sin haber examinado a fondo a quien vamos a seguir.

Al pasar después a la práctica, viene en primer lugar el «adiestramiento de la disciplina». En esta etapa, al margen de haber recibido o no determinados votos, todos los budistas empiezan en general por reconocer los diez actos no virtuosos,[23] ya que adoptan como disciplina evitarlos. Primero empiezan la práctica de evitar los comportamientos incorrectos del cuerpo, la palabra y la mente; para ello siguen la disciplina de renunciar a los diez actos no virtuosos, la cual establece la base que permite alcanzar la verdad de la cesación.

Una vez integrada la práctica consistente en renunciar a los diez actos no virtuosos, debemos reflexionar en los efectos de estos actos.[24] Y reflexionando sobre la causalidad, comprobamos que efectuar un acto que registre una causa de naturaleza benéfica, produce como efecto la felicidad. En cambio, efectuar un acto que registre una causa de naturaleza perjudicial, produce como efecto el sufrimiento. Es así como debemos comprender la relación entre causa y efecto.

Para conocer los inconvenientes de lo que no es meritorio, de los actos negativos, debemos conocer los malos destinos[25] en los que podemos nacer, debemos saber cómo se vive en los mundos inferiores. Y al pensar en los sufrimientos que provocan los malos destinos, no debemos decirnos que serán «malos» en un lejano futuro, sino más bien que podemos morir en cualquier momento.[26] Si con nuestros actos negativos hemos registrado las causas para renacer en los malos destinos, no significa que pueda ocurrirnos en un lejano futuro, sino que puede suceder en cualquier momento.

Así pues, debemos reflexionar sobre los «cuatro temas que alejan la mente del samsara». Son los cimientos primordiales sobre los que nuestra mente se apoyará para dirigirse hacia el Dharma, y sobre ellos construiremos todo lo demás. De otro modo, las enseñanzas no serían más que bellas palabras.

Desanimarse ante la dificultad es un grave error. Perder el valor siempre es un gravísimo error, tanto si le sucede a un practicante como a una persona normal. De ahí la importancia de considerar las libertades y riquezas.[27] No basta con tener el potencial de buda. Es preciso además haber ganado el soporte de un cuerpo «libre y rico». Como tenemos el potencial de buda, el hecho de haber ganado en el presente este cuerpo humano es muy importante, ya que nos ofrece la oportunidad de hacer un buen progreso. Ésta ha sido mi explicación de lo que Aryadeva entiende por «renunciar a lo no meritorio».

El Dharma ¿qué permite alcanzar a sus practicantes? La liberación. Y el mayor obstáculo para alcanzarla son las emociones negativas. ¿A qué llamamos «liberación»? A la victoria sobre las emociones negativas. Éstas son nuestro enemigo que nos tortura todo el tiempo. ¿Cómo saber si una enseñanza espiritual es budista o no? Si ataca directa o indirectamente las emociones negativas, es budista; y si no, no lo es. Si los conocimientos supranormales y los poderes mágicos no sirven para atacar las emociones negativas, no tienen nada que ver con el budismo.

A continuación describiré una forma para combatir constantemente las emociones negativas. Como al principio estamos sometidos a ellas, intentaremos evitar aquellos comportamientos nocivos que las emociones negativas tienen el poder de provocar. Después, las eliminaremos con sólo aplicar su antídoto directo. Y, por último, nos quedará destruir los esquemas habituales que las emociones negativas han impreso en nosotros.

28 de abril, 1997, mañana

PREGUNTAS Y RESPUESTAS

¿Cómo podemos ayudar a un moribundo? Los pensamientos positivos ¿pueden serles útiles? Ayer dijo que permanecíamos tres días en la clara luz. En tal caso ¿qué piensa de la donación de órganos? ¿Y de la incineración que se lleva a cabo, en algunas ocasiones, poco después de morir?

Lo más importante es que el moribundo se encuentre en un estado de ánimo sereno y relajado. Al margen de que tenga una convicción religiosa o no, lo importante es que no esté preocupado. De hecho, si tiene una creencia religiosa, será preciso adaptarse a ella. Por lo general, no es posible regresar a la vida después de experimentar la clara luz. Cuando ésta desaparece es imposible volver a la vida. Creo que entonces es el momento perfecto para hacer donación de los órganos para ayudar a los demás. Con respecto a la incineración, si se quema el cuerpo del difunto, es mejor, en la medida de lo posible, dejar el cuerpo tranquilo durante un rato, siempre que no despida un olor desagradable ni muestre los primeros signos de descomposición.

¿Qué piensa del suicidio?

Siempre es preferible no suicidarse. Para poner el ejemplo de la «transferencia de la conciencia»,[1] cuando alguien tiene una enfermedad mortal y no hay ningún modo de prolongar su vida, se ve obligado a llevarla a cabo para tener la fuerza de efectuarla antes de la disolución de los elementos físicos. Pero la transferencia precoz presenta el inconveniente de matar a las deidades. El momento indicado para realizarla es cuando se tiene la certeza de que uno va a morir, cuando ya no es posible vivir, es decir, cuando la muerte es inminente, y antes de que los elementos físicos se hayan debilitado demasiado. Es, por tanto, un suicidio. La práctica de la transferencia es forzosamente un suicidio si aún hay esperanzas de vida. En tal caso es preferible no hacer nada.

Ayer habló extensamente de los antídotos. ¿Podría poner algunos ejemplos?

El antídoto del odio es la meditación sobre el amor, y el del deseo y el apego, la meditación sobre lo inmundo; el antídoto del orgullo consiste en estudiar los fenómenos de innumerables categorías, en examinar una serie de distintos temas como pueden ser los agregados, los elementos y los órganos sensoriales, porque de esta forma uno acaba reconociendo que no sabe nada y pierde un poco la soberbia. Pongamos mi caso, por ejemplo, yo siempre pienso que soy inteligente y me enorgullezco un poco de ello. Pero cuando me ocurre, me imagino delante de un ordenador y me digo a mí mismo que no entiendo nada de él, que no soy tan listo como creía.

El antídoto de la ignorancia es sobre todo la sabiduría. Todos los otros antídotos actúan indirectamente sobre las emociones negativas y sólo pueden disminuir su intensidad, sin destruirlas por completo. El antídoto absoluto que puede destruirlas totalmente, su «antídoto directo», aquel que es capaz de eliminar todo cuanto conviene eliminar, es el conocimiento directo de la vacuidad. Pero esta conciencia que conoce directamente la vacuidad no puede actuar de lleno cuando se acaba de descubrir. Siempre es necesario intensificarla y cuando, más tarde, surja la sabiduría que comprende la vacuidad como la unión de la quietud y de la visión superior, entonces actuará como el antídoto directo de todo cuanto conviene eliminar.

¿Los animales pueden alcanzar la Iluminación?

Podrán en un futuro. Como hemos visto, se dice que todos los seres animados tienen el poder de convertirse en un buda. Pero los animales todavía no han desarrollado este potencial, porque es necesario practicar para que se revele. Ahora bien, sin el discernimiento humano, es difícil poder practicar.

Ayer mencionó cómo la ignorancia y el apego sutil procedían del continuo de la clara luz de la mente. ¿Por qué y cómo este apego sutil aparece en primer lugar?

Porque ésta es la naturaleza de las cosas. No es que la sabiduría natural existente en un principio se haya mezclado progresivamente con la ignorancia. Existe desde los tiempos sin inicio. En algunos textos, por ejemplo, se dice que nuestra pura Iluminación, Samantabhadra,[2] el protector primordial, existía antes de la separación del samsara y el nirvana. En tal caso, los textos deben referirse al estado de un individuo que acaba de morir y cuya dimensión de la clara luz originaria innata no está empañada por ninguna mancha adventicia. No puedo concebir que en el origen existiera Samantabhadra, el protector primordial, antes de la separación del samsara y del nirvana y que más tarde, el samsara y el nirvana se hubieran separado progresivamente.

Ha hablado del continuo de la clara luz de la conciencia sin inicio, sin fin, sin causas ni condiciones exteriores. ¿No se trata-

rá de lo que otras tradiciones denominan «Dios» o «sí mismo»?

La clara luz es en cierto modo un creador, pero sólo en cierto modo. El budismo acepta la autocreación,[3] o «producción a partir de sí mismo». Así pues, debemos considerar que la clara luz se creó de ese modo. Sin embargo, *mi* clara luz ha creado únicamante *mis* vidas, y en ningún caso la vida de los demás. Mi clara luz sólo participa en la formación del mundo que nos es común. Si tus agregados existen no es porque mi propia clara luz los haya creado.

En cuanto al *âtman,* al sí mismo, designa una entidad única y eterna. Ahora bien, como la clara luz forma un continuo ininterrumpido, tiene la permanencia de la continuidad y la impermanencia de los instantes que la componen. No quiero decir que la clara luz sea el individuo. La clara luz originaria innata no es el sí mismo. Ni tampoco el referente de la designación de «sí mismo», ni el *âtman.* Para hablar como el *Guhyasamâja,* existen una conciencia y un cuerpo muy sutiles. Al igual que tomando como base el cuerpo y la conciencia burdos hablamos de individuo burdo, tomando como base el cuerpo y la conciencia muy sutiles hablaremos de individuo muy sutil.

Sin conceptos, ¿existiría una verdad relativa?

Para los chittamâtrins, la forma y los fenómenos exteriores sólo representan el aspecto aparente de la mente en el interior. Su esencia es la de la mente, en ningún caso son dos cosas distintas. Al afirmarlo, se viene a decir que sea cual sea el fenómeno captado, existe mientras dure la conciencia que lo capta; y cuando ésta se extingue, el fenómeno deja de existir.

Esto se aplica con relación a la conciencia, que, en mi continuo, capta las flores y las flores en sí mismas. Pero no significa que cuando yo haya desaparecido, estas flores dejarán de existir. Del mismo modo, estas flores que yo percibo ¿son las mismas que tú percibes? No hay ninguna respuesta satisfactoria. ¿Tienen la misma naturaleza que mi conciencia y la tuya? Es difícil de decir. Es un verdadero problema. Para los chittamâtrins que explican que un objeto es «verdadero» mientras sea simultáneo a la conciencia que lo percibe,[4] las flores existen cuando existe la conciencia de las flores, y cesan cuando esta conciencia cesa. Pero me resulta difícil explicar su punto de vista.

Respondiendo a la pregunta, en realidad sólo se trata de reabsorber nuestras construcciones conceptuales. Tomemos de nuevo el ejemplo de esta conciencia visual que capta las formas. Cuando ahora miro las flores, si pienso en la impermanencia, por ejemplo, o en la mente de Iluminación que es amor y compasión, he «eliminado» de mi mente la construcción de «flores». Lo cual no quiere decir que las flores en sí mismas no existan. Si debían desaparecer porque nos hallamos en un estado de sabiduría no discursiva, o incluso desde el punto de vista de la dimensión absoluta en el que las construcciones de los conceptos se aquietan totalmente, por el hecho en sí de que la mente de los budas y bodhisatvas sólo es sabiduría no discursiva, ello significa que ya no había ninguna construcción conceptual. Ahora bien, al hablar del «aquietamiento de todos los pensamientos discursivos», nos referimos al funcionamiento del pensamiento individual y no a la desaparición de los objetos.

¿Cómo podemos aumentar nuestra atención en la vida cotidiana?

Lo lograremos adquiriendo el hábito de permanecer atentos. Los seguidores de la meditación *vipassana* de Tailandia son muy buenos en cuanto a fortalecer la atención. Al dar un paso piensan: «Ahora, levanto el pie derecho». Al dar el siguiente: «Ahora, levanto el pie izquierdo». Permanecen atentos en todo momento, y de esta forma se acostumbran a estarlo siempre. Me parece perfecto.

También puedes escribir «¡Atención, atención!» en diferentes lugares de la casa donde vivas. Incluso en los cuartos de baño y sobre las manos. Así, al ver la palabra «atención» podrás progresar. Los seguidores del yoga del sueño conocen este tipo de prácticas. Sobre todo aquello que puedan ver durante el día escriben la palabra «sueño», y cuando se impregnan de su significado, les resulta fácil reconocer que todo es como un sueño.

Usted ha dicho que cada continuo de mente luminosa era individual y que este continuo sigue siendo individual cuando una persona se convierte en buda. ¿Cómo se puede esto conciliar con el hecho de que todos los budas tienen la misma naturaleza? Es decir, en esencia ¿son uno solo?

Vosotros y yo tenemos la misma naturaleza, en esencia sois budas, y yo también. Vosotros sois seres humanos, y yo también. Todos nos parecemos. No hemos necesitado fundirnos para ello. La «esencia» de los budas es una, porque designa su igualdad en términos de emancipación y de realización. El «mismo sabor» comporta la igualdad de dos entidades como mínimo, no puede hablarse de igualdad en relación con una sola cosa. Si sólo fuéramos uno, no podríamos «tener el mismo sabor».

Se dice que en la dimensión de lo real todo tiene el mismo sabor. En el espacio de la vacuidad, todos tenemos el mismo sabor. Lo cual también es válido para el samsara y el nirvana, el bien y el mal. Las construcciones de los conceptos tienen todas el mismo sabor en su dimensión absoluta;

todas tienen el mismo sabor en el espacio libre de las construcciones. Lo cual no quiere decir que las construcciones de los conceptos no sean diferentes unas de otras.

¿Los hombres y las mujeres tienen el mismo poder de convertirse en buda?

Sin duda. En el *Tesoro de la Escolástica* puede leerse que, para los vaibhâsikas, aquel que registra el karma que madurará en «marcas mayores»[5], comienza por acumular méritos a lo largo de tres grandes kalpas inmensos y, por último, debe aún registrar, durante cien kalpas, el karma particular que madurará en «marcas mayores y menores de Buda». Durante estos cien últimos kalpas el practicante tendrá un cuerpo masculino. Es así como el *Tesoro* lo ve.

En el sistema de los Sutras, también es necesario tener un cuerpo de hombre para alcanzar la Gran Iluminación.

En los Tantras Más Elevados, hay mujeres que se convierten en budas con ese soporte, un cuerpo de mujer. La reverenciada Tara,[6] por ejemplo, se convirtió en buda siendo una mujer. Al generar por primera vez la mente de Iluminación,[7] la generó en calidad de mujer. Hay muchos hombres que se han convertido en budas, pero no demasiadas mujeres. De modo que, dice Tara, de ahora en adelante, a partir del instante en que he generado la mente de Iluminación, mientras me dedique a acumular (méritos y sabiduría), y hasta que me ilumine de forma manifiesta y perfecta, sólo renaceré en un cuerpo de mujer. Despertaré a la budeidad como mujer, y en un cuerpo femenino.

Tara fue la feminista más enérgica.

28 de abril, 1997, tarde

CONFERENCIA

Negación del sí mismo.

La práctica de la quietud comienza por la disciplina. Atención-memoria, vigilancia e interés. Flexibilidad y resistencia.

Las concentraciones. Objetos de concentración de la quietud. Posiciones del cuerpo durante la meditación. La dispersión y el torpor.

Concentración sobre la mente. Concentración sobre la vacuidad.

Refutación meditativa y refutación lógica: para liberarse de la velada destrución que produce la fijación en una sustancia.

He acabado de presentar la primera fase: «En primer lugar, abandonar lo no meritorio».

«En segundo, negar el sí mismo», que consiste en meditar sobre la insustancialidad burda o la «irrealidad del sí mismo individual», lo cual no tiene la virtud de desarraigar las emociones negativas, sino sólo de debilitarlas.

«Y, por último, poner fin a cualquier opinión», que es la tercera y última fase.

Durante la segunda fase, que consiste en «negar el sí mismo», uno se familiariza con todas las características de la insustancialidad individual, pero sólo conociendo directamente la insustancialidad sutil del individuo se eliminan realmente las emociones negativas. Sea lo que fuere, estas dos fases conducen a la liberación.

Antiguamente, en la tradición religiosa hindú, algunas personas creían en la sucesión de vidas y otras no. De entre las que creían en ella, algunas creían en la liberación y otras no. Y de entre las que creían en la liberación, algunas la consideraban como una tierra pura, un paraíso. Puede leerse, por ejemplo, en los textos sagrados de los *Ascetas Desnudos,*[1] que la «liberación» es en realidad un lugar que evoca un parasol blanco puesto al revés.

Para los budistas, la liberación concierne a las cualidades espirituales. En resumen, mientras se esté atenazado por las emociones negativas, no se podrá conocer un instante de felicidad. Por tanto, se denomina liberación al hecho de quedar libre de las ataduras emocionales.

Para rechazar las emociones negativas, existe la quietud,[2] que contrarresta las emociones evidentes o burdas, que de otro modo serían imposibles de dominar. Para erradicar las emociones y sus gérmenes, existe el conocimiento. De las tres clases de conocimiento, que ya he explicado con relación al antídoto directo de las emociones negativas, en este caso se trata del conocimiento directo de la vacuidad.

Existe toda una gama de conocimientos: el conocimiento directo de lo impermanente, el conocimiento directo del vacío de la existencia individual autónoma y sustancial, y muchos otros más. En cuanto al antídoto directo de todas las emociones negativas, es el conocimiento directo de la vacuidad sutil, de la insustancialidad sutil, la vacuidad sobre la que ya he hablado un poco esta mañana y en los días anteriores.

Para que el recogimiento meditativo integre la quietud y la visión superior,[3] será necesario cultivar los factores de la quietud. El hecho de incrementar el poder de la atención[4] y la vigilancia permite alcanzar la quietud de la mente. Podemos usar nuesta atención y vigilancia como deseemos, el objetivo es alcanzar un estado de «serena concentración».

El ejercicio de la atención y la vigilancia se inicia con la práctica de la disciplina, que es triple: la liberación individual, la mente de Iluminación y los tantras. La liberación individual va dirigida a los laicos devotos y a los religiosos. La disciplina de los laicos devotos incluye reglas que deben seguirse toda la vida y reglas que deben seguirse en determinados días u ocasiones.

Para poner en práctica una u otra de estas reglas, uno antes se pregunta si no puede quebrantarlas actuando de esta o aquella forma. Después se concentra en la pregunta, y si descubre que está a punto de actuar erróneamente, a través de actos o palabras, se recuerda a sí mismo que no es conveniente dejarse llevar por ellos. Al recordar que esta o aquella mala acción no está permitida, uno recurre de vez en cuando al guardián de la vigilancia para preguntarse si se han reunido todos los elementos que componen una mala acción. De esta manera se recuerda a sí mismo que esa acción es indigna y reconoce el verdadero peligro. La vigilancia revela ese riesgo y permite evitarlo. Así es como, con la ayuda de la atención, la vigilancia y el interés, se intenta respetar la disciplina.

La disciplina de la liberación individual[5] consiste esencialmente en evitar las malas acciones del cuerpo y de la palabra. Tiene como principal objetivo alcanzar la Iluminación. La disciplina de los bodhisatvas enfatiza el control de los pensamientos negativos de la mente, simplemente prohíbe aceptar que los propios intereses tengan preferencia sobre los de los demás. En cuanto a los votos tántricos, no puedo resumirlos como los dos anteriores, ya que hay muchos.

¿Cómo podemos permanecer en un estado de atención y vigilancia? La quietud mental es, en este sentido, una práctica esencial dentro de las enseñanzas budistas. Antes de que el Buda enseñara, ya existía la práctica del recogimiento. Asimismo, también existía ya una visión superior mundana que presentaba los aspectos sutiles y burdos.

Sin embargo, en aquellos tiempos la visión superior que consiste en conocer directa y correctamente la insustancialidad de todos los fenómenos, no se conocía. De modo que es lícito decir que el budismo ha adoptado prácticas comunes de la literatura prebudista hindú. Y también que el Dharma adopta algunas prácticas de las tradiciones de otros amigos místicos nuestros. Y los cristianos, por ejemplo, y las otras doctrinas, pueden también prestar cosas al Dharma.

Por naturaleza la quietud es neutra. Motivada por el renunciamiento, es causa de liberación; por la mente de Iluminación, causa de omnisciencia; y vinculada a la visión del sí mismo, es una quietud no budista. De manera general, la quietud es sobre todo una meditación contemplativa, y la visión superior,[6] una meditación analítica. Se dice que en primer lugar debemos alcanzar la quietud, y sólo después practicar la visión superior. Sin embargo, los Tantras Más Elevados preconizan la práctica de la meditación contemplativa dentro de la visión superior, que es el conocimiento directo de la vacuidad. Los Tantras Más Elevados recomiendan meditar en la unidad de la quietud y la visión superior.

Para alcanzar la quietud debemos primero comprender el sentido de la palabra «quietud», en tibetano *shi-nè,* que significa literalmente «estado sosegado». «Sosegado» indica el perfecto apaciguamiento de la distracción, o de las proyecciones mentales que otros pensamientos ajenos al objeto de concentración suscitan; y este apaciguamiento de la actividad mental permite al practicante permanecer en un «estado» mental uniforme, en una total concentración. En tal caso puede hablarse de serena concentración.

Al continuar su meditación en la continuidad de lo que la palabra quietud indica exactamente, es decir, un recogimiento perfecto de concentración, poco a poco el cuerpo y la mente experimentan el placer de la flexibilidad,[7] alcanzan la concentración de la mente con estas únicas condiciones.

Existen tres mundos y nueve niveles,[8] en los que los cuatro *dhyânas* o «concentraciones» abarcan desde el segundo al quinto nivel.

La primera concentración se compone de la concentración propiamente dicha y de dos recogimientos preparatorios. Por lo tanto, al llegar al recogimiento de la concentración denominado «preparación en la que no hay nada que no se pueda»,[9] se obtienen, en resumen, las primeras cualidades del recogimiento de los mundos superiores.[10] Eso es lo que denominamos quietud. De modo que sólo tras alcanzar la concentración preparatoria del primer dhyâna empieza la meditación analítica.

En la meditación analítica, se lleva en primer lugar la atención a comprender correctamente el carácter de las esferas de las existencias superiores e inferiores, después se realizan los otro cinco ejercicios de atención.[11] A continuación se llega a las «cuatro esferas de percepción infinita» resultantes,[12] que empiezan con la primera concentración propiamente dicha, y siguen progresivamente con la segunda, tercera y cuarta concentración, es decir: las esferas de percepción del espacio ilimitado del mundo Sin Forma, de la conciencia ilimitada, de la nada y de la que no pertenece ni al ser ni al no-ser, hasta la cúspide del devenir.[13] El recogimiento se va volviendo cada vez más profundo y sutil.

Observemos ahora los objetos de concentración de la quietud. Para resolver las dudas sobre este tema, se explica que hay un objeto universal, objetos que purifican los actos (objetos de erudición[14]) y objetos que purifican las emociones negativas.

El objeto de concentración general y universal[15] vale tanto para la quietud como para la visión superior; después para aquel que, a lo largo de sus vidas anteriores, haya actuado bajo la influencia de fuertes emociones negativas, o incluso en la primera parte de su vida actual, existen diversos objetos de concentración que corresponden a las diferentes constituciones individuales, que se denominan «objetos que purifican los actos». Estos objetos de concentración se adaptan a la mayor o menor fuerza de las tendencias al apego y al odio. En cuanto a los «objetos que purifican las emociones negativas», se trata de diferentes concentraciones que corresponden directamente a tal o cual emoción dominante.

Podemos, de manera general, utilizar como soporte de concentración una representación del Buda; para los cristianos, podría ser una representación de Jesucristo o de la Virgen María. Podríamos también concentrarnos en unas flores. Pero si tomamos como soporte de concentración algo como una flor, no deberemos concentrarnos en la flor exterior, sino en la imagen de la flor que aparece en la mente, en un «reflejo para el recogimiento», es decir, el objeto mental que representa la imagen de una flor. Ése será el objeto de concentración del recogimiento. Al principio, para acostumbrarnos y no dejarnos distraer por los sentidos, será necesario utilizar como objeto de concentración la imagen mental de un ser como el Buda.

En la meditación la posición del cuerpo es esencial.

Cruzamos las piernas en la postura del loto o del medio loto.[16] Aquellos de entre vosotros que no tengáis por costumbre adoptar esta postura o si os duelen las rodillas no tenéis por qué preocuparos. Lo importante es que os sentéis correctamente. A continuación enderezamos la columna vertebral como una flecha; mantenemos los hombros relajados de manera natural, y doblamos ligeramente el cuello, así si nos dormimos no roncaremos tan fuerte, haremos menos ruido.

Tras doblar ligeramente el cuello, colocamos las manos en el regazo a unos cuatro dedos por debajo del ombligo, la de recha sobre la izquierda, con las palmas hacia arriba, de forma que los extremos de los pulgares se toquen; los codos no deben estar pegados al cuerpo, la mandíbula y los labios están relajados; la punta de la lengua debe colocarse contra el paladar y los ojos mirando hacia la punta de la nariz.

El dzogchen[17] habla de «tres inmovilidades», la primera califica la mirada que contempla el espacio. Pero, por ahora, es la punta de la nariz lo que debemos mirar. Vosotros, al tener la nariz puntiaguda, podéis hacerlo a la perfección. Los que tenemos la nariz chata, al mirar la punta, sentimos enseguida dolor en los ojos, pero vosotros que tenéis esta clase de nariz podéis seguir al pie de la letra la orden de mirar hacia la punta. ¿Os parece difícil? ¿Lo habéis comprendido? «Los ojos deben mirar la punta de la nariz.» Se dice que, en general, si el cuerpo permanece bien derecho, la punta de la nariz se encuentra en la exacta vertical del ombligo. Es decir, si cayera un guijarro desde la punta de la nariz iría a parar justo al ombligo. Pero si uno tiene barriga es otra cosa. En mi caso, también estoy empezando a tenerla.

Hay que tener en cuenta algunos puntos esenciales respecto a los movimientos de la respiración. Debe efectuarse con suavidad, sin forzarla ni mantener un ritmo desigual.

Lo que se denomina «expulsar los cadáveres de la respiración[18] en nueve veces» es un medio para expulsar en nueve veces el aire residual, pero ¿debo hablar de ello? Tanto en las prácticas tántricas como en las técnicas de Naropa,[19] deben efectuarse los movimientos que purifican el cuerpo. No es necesario contar la respiración.

Ahora nos taparemos la aleta izquierda de la nariz con el índice de la mano derecha. Según cual sea la práctica empezaremos por la aleta derecha o la izquierda. Pero no es éste el momento de hablar sobre ello. En el caso que ahora nos ocupa nos taparemos la aleta izquierda con la parte plana de la uña del índice de la mano derecha, e inspiraremos y espiraremos lentamente el aire. A continuación repetiremos el movimiento, el índice de la mano izquierda tapa la aleta derecha de la nariz, e inspiraremos y espiraremos el aire. Después respiraremos por los dos orificios de la nariz.

En los tantras este ejercicio se efectúa observando unos esquemas particulares como son los tres canales y las cinco ruedas.[20] Pero en este caso no los visualizaremos. Entonces, ¿qué deberemos hacer?

Debemos lograr que los diversos pensamientos que albergamos «se vuelvan uniformes». Una vez capturada nuestra mente, sólo dejamos que se concentre en la inspiración y la espiración. Al inspirar pensamos que estamos inspirando, y al espirar que estamos espirando, sin distraernos en ninguna otra cosa, y cuando únicamente pensemos en los movimientos de la respiración, si expulsamos nueve veces el aire residual, podremos disminuir un poco la intensidad de la excitación mental.

Al adoptar la postura física que acabo de describir, si visualizamos el objeto de concentración fuera del cuerpo, debe verse a la altura del entrecejo, a una distancia no superior a cuatro codos, es decir, a unos dos metros delante de nosotros. Podemos también visualizarlo en el interior del cuerpo, en los lugares especiales.[21]

Sea cual sea el objeto de concentración, no debemos visualizarlo grande un día y pequeño al siguiente. Debe ser del mismo tamaño. Por lo tanto, primero empezamos viéndolo mentalmente. La imagen mental se mantiene con la ayuda de la atención-memoria y se protege a través del estado vigilante, que controla que la mente no se distraiga de su objeto de concentración, o que no se deje llevar por la confusión.

¿Cuáles son las cualidades que la mente necesita para centrarse en tal o cual recogimento de concentración? Debe mantener su objeto de concentración, pero aún hay más, la mente debe tener una inteligencia despierta, clara y transparente. Lo que impide a la mente concentrarse en un objeto es obra de la dispersión.

Pero aunque la mente esté concentrada en su objeto, su clara, transparente y precisa atención puede sucumbir al torpor. A veces, cuando no hay ningún pensamiento, la mente se oscurece, aparece una sensación de «torpor» que a su vez provoca el «embotamiento».

Tanto el torpor como la dispersión pueden ser burdos, sutiles o muy sutiles. La dispersión y el torpor burdos son fáciles de identificar y resulta sencillo aplicarles el antídoto apropiado. Pero cuanto más sutiles se vuelven, más difícil es reconocerlos y aplicarles un antídoto.

Cuando la mente está demasiado viva, demasiado alerta, existe el riesgo de la dispersión. El antídoto consiste en hacer «redescender» los pensamientos, en intentar lograr que la mente vuelva a centrarse en el interior. En el caso de la dispersión, la mente está en un estado de ánimo más bajo. Pero cuando está totalmente dispersa, es necesario hacerla redescender y volver a dirigir los pensamientos al interior. Si la mente está menos alerta, menos viva, corre el riesgo de caer en el torpor. Todo esto podemos leerlo en los textos, pero lo más importante viene de la experiencia.

Cuando, por ejemplo, nos concentramos con demasiada fuerza, tendemos a hundirnos un poco. Para levantar el estado de ánimo pensaremos en algo alegre. En cambio, al practicar el análisis, la mente acostumbra a irse por las alturas. Debemos observar, pues, qué es lo que nos ocurre, cada uno según su propia experiencia, e intentar mantener la mente en su justo equilibrio.

Al verter agua sobre un montón de tierra o arena, el agua puede deslizarse tanto hacia la izquierda como hacia la derecha. Lo haga del lado que lo haga deberemos encontrar una forma de detenerla. De la misma manera, venga de donde venga el defecto —del torpor o la dispersión—, deberemos recurrir a los antídotos y no sólo conseguir que la mente siga concentrada en su objeto, sino que lo haga con claridad, viveza y precisión. Así es como debemos meditar.

Al principio todo se basa en centrar la mente en el objeto de concentración. Más tarde, cuando podamos prolongar un poco el «sosegado» continuo de la mente, intentaremos que «descanse» suavemente en el objeto. Seguiremos dirigiendo la mente, aunque lo más usual es que la quietud desaparezca en un abrir y cerrar de ojos, para intentar sosegarla, sosegarla de manera duradera, dejar que descanse, sosegarla a la perfección, domarla, serenarla, serenarla perfectamente, concentrarla en un único punto y dejarla así, éstas son las nueve «estaciones» de la mente.[22] Progresivamente se prolongará el aspecto de «tranquilidad» sobre el objeto de concentración.

Cuando los riesgos de embotamiento y falta de atención

han disminuido, cuando nos liberamos de ellos, cada vez necesitamos esforzarnos menos y al final ni siquiera esto. En este punto decidiremos, al inicio de la sesión, dedicarnos a un recogimiento sin defectos: durante la sesión no nos dejaremos arrastrar por el torpor ni la dispersión. Tras haber tomado esta decisión, lograremos atravesar las nueve estaciones[23] sin el menor esfuerzo, como cuando recitamos nuestras oraciones habituales.

Después, sólo cuando seamos ya capaces de permanecer durante largo tiempo a salvo de los defectos derivados del embotamiento y la falta de atención, y nos concentremos perfectamente en el objeto de meditación, aparecerá la flexibilidad del cuerpo y la mente. Y más tarde, tras haber experimentado el placer que producen, aparecerán progresivamente las dos felicidades derivadas de estas dos flexibilidades.

De todos modos, la denominada «resistencia»[24] del cuerpo y de la mente es aquello que al intentar hacer el bien con el cuerpo y la mente nos impide realizarlo libremente, lo cual no quiere decir que no deseemos practicar el bien. Respecto a la intención, cada uno desea hacer el bien, pero hay algo que depende de nuestras disposiciones físicas y psíquicas que nos impide hacerlo con facilidad. Una vez nos liberemos poco a poco de esta resistencia del cuerpo y de la mente, podremos usarlos para la virtud.

Al alcanzar este tipo de recogimiento meditativo, la mente goza de una gran claridad y estabilidad. La fuerza del apego y del odio burdos, así como los intensos sentimientos de la misma índole, disminuyen enormemente. Entre los tibetanos que han llegado a la India, no hay muchos pero sí algunos que al parecer conocen esta experiencia tan especial.

También podemos elegir como objeto de concentración para alcanzar la quietud la propia mente. Por «mente» en este caso me refiero a la conciencia que no cesa de perpetuarse. La mayor parte del tiempo los pensamientos se dispersan por el mundo exterior, y como no estamos constantemente observando la esencia de nuestra mente, cuando tenemos que definirla, sólo somos capaces de repetir que la mente, o más exactamente la conciencia, es una simple experiencia de conocimiento y claridad.

Es difícil poder imaginar la experiencia de la naturaleza clara, conocedora y «experiencial» de la mente. No logramos hacernos la menor idea de ella. Pero debemos intentar, una vez tras otra, experimentar las cualidades del conocimiento y de la claridad propias de la conciencia.

La mente sigue muy de cerca los objetos exteriores: las formas, los sonidos, los olores, los sabores y los objetos tangibles. La conciencia visual, por ejemplo, es la que capta las formas. El pensamiento que se representa la forma parece tener él mismo una forma. En tal caso, la esencia clara y conocedora de la mente está empañada por la forma. Debemos, por tanto, renunciar a los recuerdos, a todos aquellos pensamientos que nos evocan tal o cual experiencia pasada, los bloqueamos para impedir que regresen, del mismo modo que no damos curso libre a las esperanzas y temores relacionados con el futuro.

Tomemos, como ejemplo, un río. Mientras fluye no podemos ver su lecho. Pero si detenemos durante breves instantes la corriente, no desciende más agua y cuando la que fluía ha desaparecido, podemos ver el fondo, el lecho del curso del agua. Asimismo, al interrumpir la incesante corriente de pensamientos, al eliminar el continuo e impetuoso curso, parecido al fluir de un torrente, de pensamientos que fluyen constantemente, aparece un vacío, pero no es el vacío de la vacuidad, sino más bien el vacío al que nos referimos al decir, por ejemplo, que «el templo está vacío de monjes».

Por tanto, al detenerse la corriente de pensamientos que lo llenaba, aparece de súbito el vacío. Cuando logremos prolongar este instante de vacío, podremos experimentar en cualquier momento las cualidades de conocimiento y claridad que definen la conciencia.

Si en este momento tenemos los ojos cerrados, experimentaremos la visión de una especie de color rojo desagradable. Y al abrirlos de nuevo quizá veamos frente a nosotros vivos colores, lo cual puede inquietarnos. Pero aunque no veamos ningún color rojo, aunque no tengamos ninguna percepción visual, la experiencia nos será muy útil y lentamente nos permitirá comprender lo que se entiende por una «simple experiencia de conocimiento y claridad».

La vacuidad también puede ser un soporte de concentración. En tal caso, podemos tomar la mente como tema, o un sustrato de particularidades, un fenómeno dotado de forma, o incluso el simple sentimiento del yo, ya que constituyen unos excelentes objetos para el análisis de la vacuidad.

Así pues, después de haber elegido como «sustrato» el objeto conveniente, debemos concentrar en él nuestro análisis. Tras haberlo analizado para averiguar si existe realmente, acabaremos viendo que carece de toda esencia. En consecuencia, lo que seguirá a la negación será un vacío de ausencia, o sea la insustancialidad. Más tarde, al llegar a la conclusión intelectual de que es vacío desde cualquier punto de vista, cuando esta conclusión se convierta en certeza, será sobre esta certeza que deberemos concentrarnos perfectamente. Ésa es la «búsqueda de la meditación».

En primer lugar practicamos la quietud en un objeto de concentración convencional. Tras alcanzarla se inicia la «búsqueda de la visión», que es el análisis de la situación hecho en un profundo estado meditativo. Así es como se procede en los sutras.

En los tantras inferiores se practica el *samâdhi*[25] durante el yoga con signos.[26] En el caso de no obtener la quietud, se alcanzará durante el yoga con signos y durante el recogimiento que integra la quietud y la visión superior en el conocimiento directo de la vacuidad, en el caso de practicar el yoga sin signos.[27] En los Tantras Más Elevados, se practica la quietud durante la fase de creación[28] si no se ha alcanzado aún de otro modo.

Esto es todo con respecto a la quietud. ¿Cuál es el propósito principal de practicar la quietud? Los budistas interesados en la liberación se ejercitan en ella para alcanzar la visión superior que conoce las cosas directamente tal como son. Y para que se produzca esta visión directa de la vacuidad, es necesario tener la visión del conocimiento directo de la vacuidad.[29] Sin ella, es imposible que la visión superior del conocimiento directo de la naturaleza de una cosa esté seguida por la aniquilación pura y simple de esa cosa.

En tal caso, al hablar de vacuidad, ¿de qué vacío se habla? De manera general, del vacío de la existencia real, o en sí mismo, del propio objeto negado. En cuanto a los objetos negados, están los que se niegan practicando la senda y los que se niegan a través del razonamiento. Los primeros se eliminan meditando en la senda y no son los mismos objetos que los de la refutación lógica, como, por ejemplo, cuando se explica la vacuidad.

¿Cómo actúa la refutación lógica? Demostrando la inexistencia del objeto negado. Este objeto nunca ha existido. Pero en ese caso, puede decirse, si nunca ha existido, que no es necesario refutarlo. Ahora bien, por error, uno cree en aquello que no existe, y de esta creencia nacen el apego y el odio que tienen el poder de hacernos sufrir. Las causas que generan el sufrimiento son, por lo tanto, el apego y el odio, que tienen por causa la creencia realista. Para eliminar esta creencia, debemos eliminar las conciencias distorsionadas, y sólo lo lograremos declarándolas perjudiciales.

Cuando existe el peligro, por ejemplo, de que un ser malintencionado se esconda en la oscuridad, decimos que debemos desconfiar, pero no es útil repetirse constantemente que no debemos tener miedo. Una vez hemos averiguado si debíamos tener miedo o no, y hemos llegado a la conclusión de que no debemos tenerlo, el miedo de la duda desaparece por sí solo.

Por tanto, para eliminar el realismo ingenuo, que es una conciencia distorsionada, debemos tener la certeza de que, de hecho, el objeto no existe como el realismo quisiera. Esta creencia pierde entonces, como es natural, su fuerza, y poco a poco desaparece con la meditación. Lo cual no es sólo el resultado de una refutación lógica.

A fuerza de habernos acostumbrado a una creencia innata, nos hemos convencido sutilmente de que los objetos son sustancias, esto es lo que nos socava. Pero si llegamos a la certeza de que nada existe en sí mismo, nos liberamos de la velada destrucción que produce la fijación en una sustancia.

No se puede negar la existencia del objeto refutado, pero debemos repetir esta refutación mentalmente hasta que el objeto deje de existir como sustancia.[30] Se refutará su existencia real tomando conciencia de los inconvenientes de esta clase de existencia, y comprenderemos que el objeto refutado no ha existido nunca.

Que una cosa no exista en sí misma demuestra su propia irrealidad.[31]

28 de abril, 1997, tarde

PREGUNTAS Y RESPUESTAS

Si la clara luz de la conciencia está constituida por instantes impermanentes, ¿cómo podemos recordar el pasado?

La conciencia proviene de instante a instante, incluso a nivel de las conciencias burdas. La conciencia de ayer ya no existe hoy, y lo que ocurrió ayer tan sólo es hoy un recuerdo dentro del mismo continuo.

Al ser cada instante impermanente, en el momento de la muerte, en la última disolución, sólo queda la clara luz. Pero la propia clara luz ¿acarrea las tendencias y el karma pasados?

Hemos visto que había un terreno en el que se depositaban las tendencias ocasionales y otro en el que se depositaban las tendencias duraderas. Éstas tienen por terreno el simple sentimiento del yo, y en este sentimiento reflexionaremos. Cuando la clara luz originaria innata se manifiesta como la sabiduría que conoce directamente la vacuidad, no puede en ningún caso formar el terreno de las tendencias, ya que éstas se depositan en el simple sentimiento del yo. Pero si busco a ese yo, no puedo encontrarlo. Ni tampoco la clara luz, porque recibe este nombre con relación a sus partes.

En el *Discernimiento del centro y de la periferia,*[1] se describen tres niveles de absoluto: el absoluto de hecho, el absoluto obtenido y el absoluto realizado. En los tantras se califica la clara luz como la «fase de perfección[2] en verdad absoluta». En el capítulo XVIII de su *Tesoro de la Joya Mágica,* Longchen Rabjampa[3] propone varias maneras de clasificar las Dos Verdades fundamentales, entre ellas: lo originario o innato pertenece a la verdad absoluta, y lo momentáneo a la verdad relativa. Por lo tanto, él proclama la verdad absoluta del estado originario innato, vacío de fenómenos momentáneos; establece la verdad absoluta de la clara luz originaria innata. Así pues, debemos comparar los textos sucesivos que tratan del absoluto, y veremos que la senda de los sutras lo comprenden de una forma, y la senda de los tantras, de otra.

¿Qué designa la vacuidad en un tantra como la *Rueda del Tiempo*?[4] Debemos saber interpretar cada uno de estos textos, si no, ¡cuidado con las amalgamas! Al pronunciar las palabras «vacuidad» y «absoluto», tenemos la sensación de hablar de la misma cosa, es decir, del absoluto. Pero si se tuviera que explicar la vacuidad suprimiendo uno de estos dos términos, crearíamos una gran confusión. Me veo obligado a decirlo porque corréis el peligro de creer que la clara luz originaria innata existe realmente como verdad absoluta.

¿Qué piensa del vegetarianismo?

Es lo mejor que hay. Debemos fomentarlo sin lugar a dudas. Y aunque cada uno en su casa no pueda ser un perfecto vegetariano, al dar una recepción o un banquete, es mucho mejor ofrecer un menú vegetariano. Algunas personas afirman ser vegetarianas y consideran los peces y otras criaturas vivas como verduras. Si pretendemos ser vegetarianos, debemos considerar los cangrejos y los otros «frutos» del mar [los mariscos] como carne. «Vegetariano» quiere decir «no comer más que vegetales». Hoy día hay quienes afirman ser vegetarianos, pero al entrar en un restaurante, tendríais que ver con qué ojitos tan desorbitados les miran los peces y cangrejos del acuario.

¿La devoción puede ser no sólo una senda, sino la senda, para algunos discípulos?

La devoción es esencial para que nazca una realización especial. Pero sólo a base de devoción las cosas resultan muy difíciles. Es importante meditar sobre todo tipo de temas distintos.

¿La cólera puede ser beneficiosa cuando hemos de cambiar una situación negativa?

En principio, la cólera motivada por la compasión es aceptable. Se habla de una motivación causal, la compasión; y de una motivación temporal, la cólera. Los tantras explican cómo convertir la cólera en una senda. En tal caso, puede ser positiva. Sin embargo, en los textos del Vehículo de los bodhisatvas, no se permite en absoluto dejarse llevar por la cólera. Siempre me formulan esta clase de pregunta. Si acabamos de vivir una situación en la que nos hemos asustado muchísimo, es mejor expresar nuestra desazón, aunque sea en forma de cólera. Pero en general, si no aplicamos metódicamente el antídoto correspondiente a una cólera que va en aumento, no cesará de crecer. Debemos ver en ella un inconveniente, un problema, y al revelarse como inoportuna, perderá progresivamente su fuerza.

Usted ha dicho que era la intención lo que determinaba el karma. ¿Esta intención procede del karma?

¿Por qué no? ¿Es que, por ejemplo, el hecho de que la mente albergue emociones negativas obedece al karma? Puede ser. Tomemos el caso de un hombre que en su vida anterior hubiera matado a alguien. Ahora, de niño, en esta vida, le gusta matar. Este deseo de matar le viene de esquemas condicionados por el gran hábito que tuvo de matar.

Usted ha dicho que el número de continuos de conciencia que forman los individuos no ha aumentado ni disminuido. ¿Da a entender con ello que su número es definido, o más bien que es infinito, o sea incalculable?

Es incalculable.

Ayer dijo que la forma y el color de la flor provenían del karma, pero he creído entender que el karma sólo concernía a los seres animados dotados de conciencia. La flor no tiene conciencia. En tal caso ¿cómo explicar que su forma y color se deban al karma?

A quien le gustan, digamos, las flores multicolores y que ha llenado su jardín de ellas, lo debe en gran parte a la fuerza de la proyección de su karma. La flor no experimenta, por ejemplo, sensaciones producidas por su forma y color. La persona que goza con la flor, incluso con el insecto que habita en su interior, experimenta los efectos del funcionamiento de las causas y condiciones que permiten gozar de la flor, y esto guarda relación con el karma del propio ser animado.

Por esta razón la forma del mundo, por ejemplo, bajo su aspecto general es así en función del karma común de quienes viven en él. En consecuencia, todos los componentes del paisaje, como los bosques, las flores y los desiertos se relacionan con el karma. ¿De qué naturaleza es esta relación? Es un enigma. Creo que el mundo está constituido, en líneas generales, por los cuatro elementos. Los cinco elementos interiores[5] se dividen en burdos y sutiles; el más profundo y el más sutil de ellos se vincula con la clara luz. Existe, pues, una relación por este lado. Aparece en el *Gran Comentario de la Rueda del*

Tiempo de Mipham Rimpoché.[6] A excepción de este punto, las otras relaciones no son evidentes.

El mundo que nos rodea es una proyección del karma universal. Creo que sus particularidades más sutiles obedecen a las leyes de la naturaleza que estudian la biología y la química. Hoy día, por ejemplo, las cosas son distintas, se diferencia lo animado de lo inanimado. Una flor no es un cuerpo, hay una diferencia. Pero si retrocedemos en el tiempo hasta las partículas del big-bang, sólo después del big-bang encontramos la partícula destinada a convertirse en «carne» y las partículas que serán flores, rocas, etc. El *Tantra de la Rueda del Tiempo* habla de «partículas de espacio», un tipo de partículas que, a mi modo de ver, debían estar presentes «en el momento del big-bang». Creo que esta clase de partículas se han diversificado en el transcurso de la evolución en partículas para formar las rocas, las flores y la carne, y este hecho se vincula con el karma. Por otro lado, los físicos explican que al principio las partículas eran sumamente sutiles y se diferenciaban muy poco. No sé cómo se llaman exactamente. Sea lo que sea, se trata de temas de una gran sutilidad.

Ha dicho que la ignorancia era inherente al continuo y que éste carecía de inicio. En tal caso, parece ser que la ignorancia no tendrá fin, ya que el continuo no lo tiene.

Podemos impedir que la ignorancia dure, pero, en cambio, es imposible bloquear la conciencia. Asimismo, no podemos impedir al individuo que esté allí. La ignorancia tiene como opuesto a la sabiduría. La ignorancia, al contrario de la sabiduría, no tiene nada que la apoye lógicamente. En el transcurso de esta única vida, por ejemplo, nuestra conciencia está siempre ahí, pero pongamos, por ejemplo, la cólera, a veces surge y otras cesa. Si meditamos mucho en el amor, para contrarrestar la cólera, ésta perderá progresivamente su fuerza. En el momento de la muerte no se aniquila por completo la conciencia, sino que es sólo la conciencia de esta vida la que desaparece. Existe un medio para evitar el odio, pero nada puede detener a la conciencia.

Usted habla con frecuencia de los agregados. Hay cinco ¿cuáles son?

Las formas, las sensaciones, las percepciones, las composiciones[7] y las conciencias.

¿Cuál es la diferencia entre el continuo de la clara luz y la partícula de espacio?

Aunque la partícula de espacio sin duda tenga una forma sutil, tiene una forma. En cambio la clara luz es conciencia. La partícula de espacio no tiene inicio y no sé si tiene un fin, puede ser que no lo tenga. ¿Por qué? Porque los seres animados son infinitos. Si no tienen fin, no se acabarán jamás. Si sus proyectos no tienen fin, su flujo no podrá acabar nunca. Infinito, ilimitado, es muy difícil concebir el fin.

Si todos los seres humanos se convierten en budas ¿qué ocurrirá?

Que se celebrará una gran fiesta.

Ante tanta violencia y abuso ¿la no-violencia es la única respuesta posible?

Creo que sí. Siempre se puede responder que la violencia llama la contraviolencia, y que entonces nunca se acaba. Yo digo que nuestro siglo ha sido el de la violencia y que, si todos trabajamos en ello, el siglo XXI podría ser el del diálogo.

29 de abril, 1997, mañana

CONFERENCIA

El sentido de la insustancialidad. La independencia del ser o la sustancialidad es imposible. Para los prasángikas nada existe realmente, incluso al nivel convencional de la verdad relativa.

La verdad absoluta de los fenómenos o «designaciones dependientes» se sitúa más allá del ser y del no-ser. Inexistencia del sí mismo individual. Distinción entre «existir» y «existir realmente».

La mente que percibe el modo real de un objeto no percibe ningún objeto. «A excepción del conocimiento directo e inmediato de la vacuidad, todas las percepciones son ilusorias.»

Definición del realismo ingenuo.

«La existencia es puramente nominal, y nada jamás ha tenido una existencia objetiva.» Las cosas no existen por el solo hecho de su esencia. Refutación de la existencia objetiva. La cuerda y la serpiente. Para los prasángikas, el sentido común es el mejor juez a nivel convencional.

Imposibilidad de cualquier nacimiento o producción.

Tomando como base las Cuatro Nobles Verdades y las Dos Verdades fundamentales hemos llegado hasta el refugio. Ahora nos queda ir del refugio hasta la omnisciencia última, la dignidad del Vencedor.[1] El camino conlleva tres etapas; la primera consiste en evitar los actos no meritorios, es decir, el mal; la segunda, en eliminar las emociones negativas; y la tercera, en disolver los esquemas habituales impresos por las emociones negativas.

Pasemos a la explicación de la segunda etapa. Ésta consiste en meditar sobre el conocimiento trascendente, sobre la base de la disciplina y en el medio de la quietud, para alcanzar el conocimiento directo de la insustancialidad. Por tanto, es necesario establecer el sentido de la insustancialidad.

Todos los filósofos budistas admiten que giramos en el círculo de las muertes y renacimientos a causa de la ignorancia. ¿Pero por qué es necesariamente debido a ella?

Nadie de entre nosotros quiere sufrir, lo que todos deseamos naturalmente es ser felices. Ahora bien, se diría que casi actuamos adrede para crear las causas de nuestro sufrimiento, lo cual es el efecto de la confusión. Sin esta confusión, podríamos crear las causas de felicidad a las que aspiramos. Lo que queremos es ser felices, pero debido a nuestra confusión, actuamos en dirección opuesta de aquello que causa la felicidad. A partir de este momento nuestra existencia está sometida a los sufrimientos del samsara, y se ha enseñado que la causa del samsara no es otra que la ignorancia. La ignorancia tiene, pues, el poder de crear el samsara.

Para poder identificar esta ignorancia, al igual que existen tesis más o menos sutiles sobre la insustancialidad, hay muchas explicaciones más o menos sutiles. Para ponerle fin, debemos atacarla con la ayuda de un estado mental que tenga una forma de percibir las cosas que se oponga a la ignorancia. Un estado mental que no se opusiera a ella sólo atacaría indirectamente lo que debe ser destruido.

Por consiguiente, Chandrakîrti puede escribir: «Como el amor, por ejemplo, no se opone a la confusión, no puede anular los actos muy malos».

Es decir, como el amor y la compasión no comprenden necesariamente las cosas oponiéndose a la confusión, no pueden atacarla de frente.

En sus *Cuatrocientas Estrofas* Aryadeva escribe:

> «El devenir tiene por germen la conciencia,
> y su campo de acción son los objetos
> de la conciencia.
> Al percibir la insustancialidad de estos objetos,
> se bloquea el germen del devenir.»

Es decir, si atribuimos a la conciencia en general esta conciencia que es el germen del devenir, mientras tengamos conciencia deberemos seguir en el ciclo de muertes y renacimientos. Para detener el samsara, es necesario que la conciencia cese de manifestarse, pero esto se opone a los textos de Nagârjuna contradiciendo los hechos.

Por tanto, la conciencia que nos mantiene atados al círculo de las existencias es una conciencia en particular, concomitante a la ignorancia sustancialista. Para destruir la ignorancia sustancialista que constituye el germen de las existencias, debemos reconocer la insustancialidad de los objetos que percibimos como sustancias a causa de esta ignorancia. Y a partir de ese momento, la conciencia que constituye el germen de las existencias cesa de existir.

Pero en tal caso, si debemos considerar los objetos como insustanciales ¿cuál es la sustancialidad de la que carecen?

Las *Cuatrocientas Estrofas* dicen:

> «Aquello que existe dependientemente
> no es independiente.
> Pero todo esto no es independiente,
> por tanto, todo es insustancial.»

De modo que todo fenómeno que existe en interdependencia no es una entidad independiente. Ahora bien, como todos estos fenómenos que designan el sí mismo y los agregados no existen independientemente, se dice que están vacíos de existencia sustancial. En tal caso, es necesario comprender que lo que debe refutarse es el concepto de independencia, de existencia independiente. Es esta «independencia» la que todos los mâdhyamikas señalan como lo que debe refutarse de manera general.

Al entrar en detalles, como ya hemos visto, éste es el punto sobre el que los tres maestros, empezando por Buddhapâlita, se han expresado con mayor claridad. El comentario que Buddhapâlita hizo del *Tratado fundamental* de Nagârjuna fue criticado por Bhavaviveka. Después, Chandrakîrti respondió a esas críticas sobre ciertos puntos de terminología e interpretación aclarando cada uno de esos puntos.

Por consiguiente, ¿qué destaca claramente de lo que estos tres maestros han refutado, afirmado, objetado y contraobjetado? Bhavaviveka y sus sucesores han enseñado que, en un cierto camino medio, lo que percibimos ahora como formas y otros fenómenos, esas apariencias de realidades indepedientes existen efectivamente a nivel convencional, como si tuvieran una existencia objetiva.

Es la naturaleza de esas apariencias lo que denominan «realidad independiente», realidad existente. La mente que percibe esas realidades independientes no está en un error al percibir las apariencias, en esencia, como reales. ¿Qué quieren decir con esto? Que estas realidades «independientes» existen completamente a nivel convencional.

En cambio, para Buddhapâlita y Chandrakîrti, este tipo de realidad independiente no existe en absoluto y, por ello, percibirlo de ese modo es un error. Unos hablan de conocimiento verdadero y otros, de error. En ello se aprecia cómo definen el objeto refutado y vemos que hay una diferencia de sutilidad en el objeto que unos y otros refutan.

Así pues, dentro del Camino Medio algunos afirman una realidad independiente a nivel convencional, y otros no. Por tanto, sería preferible que no quedara ninguna contestación lógica del punto de vista que ahora estoy explicando y que niega la realidad independiente de cualquier cosa, incluso a nivel convencional. Aunque examinemos este punto de vista tanto como queramos, no encontraremos ninguna absurdidad al negarse a admitir, en la verdad convencional, que exista cualquier realidad independiente. E incluso es posible demostrar con toda lógica que ésta es la última conclusión de Nagârjuna y de su sucesor Buddhapâlita.

Al reflexionar en lo que queda una vez refutada la existencia de las realidades independientes sólo a nivel convencional, no es extraño experimentar un sentimiento de nihilismo. En el *Tratado fundamental* de Nagârjuna, aparecen las críticas que los realistas dirigen a los mâdhyamicas, y que básicamente dicen: «Pretendéis que todos los fenómenos son vacíos de forma natural, o vacíos (de existencia) en sí mismos. Si todos los fenómenos son vacíos de forma natural, si cada uno es vacío por esencia, nada podría existir. Cada fenómeno carecería de esencia y atributos. De modo que vuestra filosofía no es más que un gran nihilismo».

Ésa es la objeción de los realistas del Pequeño Vehículo,

que prosiguen: «Vosotros refutáis, por ejemplo, los cuatro modos de producción posibles.[2] Decís que lo real no pertenece al ser ni al no-ser; que está libre de cualquier construcción conceptual vinculada al ser y al no-ser.[3] ¡Pero corréis el riesgo de verlo todo como una pura nada!».

He aquí lo que Nagârjuna responde:

«Cuando los mâdhyamicas comentan la intención última del Vencedor, hablan de la «no existencia en sí misma» por la única razón de que las cosas se producen en interdependencia y, por tanto, no existen por sí mismas. No dicen que, al no existir en absoluto, sea contrario a su esencia el hecho de existir.»

En el *Tratado fundamental* puede leerse que aquello que se produce en interdependencia no puede existir por esencia; que aquello que no puede existir por esencia está vacío de sustancialidad; y que aquello que está vacío de sustancialidad se denomina vacío, vacío por naturaleza.

En consecuencia, lo que está vacío de sustancialidad existe sólo «en dependencia». En la expresión «designación dependiente», «dependiente» significa «no autónomo», es decir, lo que depende de otra cosa no es autónomo. Es así como desaparece el límite del ser eterno. Al considerar que no se produce de forma autónoma, se habla de «designación». Y lo que existe como designación, no se considerará tampoco como pura nada.

Ahora bien, una designación dependiente no tiene una realidad en sí misma. Se trata de una entidad que, aunque carezca de existencia autónoma, no es puramente inexistente; de modo que no se niega que tenga una acción que obedezca a la causalidad y produzca efectos positivos o negativos. Aquello que existe como una designación, pero sin que su actividad exista en sí misma, es una realidad dependiente.

Así es como los mâdhyamicas perciben las cosas, en esto consiste el Camino Medio. Como se destaca claramente en la *Introducción al Camino Medio* de Chandrakîrti, y en conformidad con el comentario que el autor hace de su obra, es imposible conocer perfectamente la insustancialidad del individuo mientras uno no conozca directamente la insustancialidad de los fenómenos y se adhiera aún a los sistemas que admiten su sustancialidad.

¿Qué quiere esto decir? Que la razón de aquel que puede conocer directamente la insustancialidad del individuo, con todas sus características, no refutará directamente el objeto de apego de la creencia en la realidad de las cosas. Tan sólo lo hará cuando la fuerza de la refutación sea completa, ya que se ha enseñado que la diferencia entre percibir la insustancialidad del individuo y la de los fenómenos no es una cuestión de sutilidad. El *Collar de Joyas*[4] dice:

> «Mientras dure la creencia en la realidad de los agregados durará la creencia en la realidad del sí mismo.»

Es decir, hasta que no adquiramos la fuerza de refutar los objetos de apego del realismo ingenuo, que considera los agregados como reales, el realismo que tiene por objeto el sí mismo individual se perpetuará. El sí mismo individual del que hablan los svâtantrikas y las escuelas inferiores no es más que el aspecto burdo del sí mismo. En resumen, la insustancialidad del sí mismo individual designa el hecho de que no existe ningún individuo totalmente independiente; y la insustancialidad de los fenómenos, el hecho de que los agregados, por ejemplo, al igual que todos los fenómenos, no existen realmente.

El conocimiento directo de la insustancialidad del sí mismo individual y el conocimiento directo de la insustancialidad de los fenómenos atacan de frente la creencia en la realidad, o el realismo que consiste en apegarse al individuo como un sí mismo, y el realismo que consiste en apegarse a los agregados como si realmente existieran.

¿En qué orden aparecen estos dos realismos? La ignorancia realista que consiste en creer en la existencia real de los agregados forma la base sobre la que se desarrolla el realismo que consiste en creer en la realidad del individuo.

Cuando el «yo» aparece en la mente, son los agregados que constituyen la base de designación del yo los que se presentan a la mente como su objeto. ¿No es entonces que sentimos tener un «yo»? No estoy seguro de que esto valga siempre para el conocimiento directo de la insustancialidad, pero, en general, a menudo es más fácil establecer la insustancialidad del individuo por el propio hecho de su sustrato.[5] De modo que se empieza por analizar el sí mismo individual, y después vendrá la insustancialidad de los fenómenos.

¿La forma y los otros fenómenos se refutan a través del razonamiento durante la meditación? No. ¿Qué es lo que el razonamiento refuta? La existencia en sí misma de la forma y de los otros fenómenos. Sin embargo, para aquel que conoce directamente la naturaleza de la forma y de los otros fenómenos, para aquel que la vacuidad es una certeza, la forma y los otros fenómenos no aparecen, estas cosas cesan.

La mente que analiza la naturaleza de la forma y de los otros fenómenos se limita a buscar su naturaleza y nada más. La mente que busca el modo real de la forma y de los otros fenómenos no encuentra ninguno de estos fenómenos. Estas cosas que tienen la apariencia de la forma y de los otros fenómenos no existen en el modo real. Así pues, en la mente de aquel que busca su modo real o lo conoce con certeza, estas cosas no aparecen. Eso es todo. Lo cual no quiere decir que la forma y los otros fenómenos hayan cesado o que hayan sido negados.

La conciencia visual, por ejemplo, no percibe los sonidos. Pero no podemos dudar de un sonido alegando que la conciencia visual no lo ha oído. La conciencia visual sólo percibe la forma, no es la conciencia que capta el sonido. Por tanto, no podremos explicar la inexistencia de un sonido estableciendo que la conciencia visual no lo percibe. El sonido es el objeto exclusivo de la conciencia auditiva que capta el sonido, no puede ser el objeto de la conciencia visual.

Del mismo modo, la mente concentrada en analizar el modo real de las cosas no percibe las cosas que no existen en el modo real. El hecho de que no las perciba no significa la percepción de su inexistencia. No las percibe porque no pueden ser los objetos de su percepción. Así pues, para la razón que examina su modo real, la forma y los otros fenómenos sólo son objetos que no pueden encontrarse, lo cual no significa negarlos pura y simplemente, ni descubrir su inexistencia.

El otro día me formularon una pregunta que ahora contestaré. Cuando todas las construcciones de los conceptos se han aquietado perfectamente durante la contemplación en el espacio de esta perfecta quietud, ya no se perciben, no aparecen en esta dimensión, eso es todo. Lo cual no quiere decir que las construcciones de los conceptos no existan.

En el *Ingreso en el camino de la Iluminación*[6] puede leerse que no es posible refutar la forma, el sonido, ni los otros fenómenos, ni tampoco las respectivas conciencias que los captan. Es el contenido del pensamiento, dice Santideva, el concepto de existencia real, la propia causa del sufrimiento, lo que debemos refutar, y no las conciencias de la forma, el sonido, ni esos objetos en sí mismos.

En tal caso, ¿qué es lo que se niega?

Lo que se niega es el concepto de, o la creencia en, su existencia real, lo cual es la causa del sufrimiento. Así pues distinguiremos entre existir y existir realmente.

En tal caso, ¿qué es la «existencia»? Tan sólo un nombre. En cuanto a la «existencia real», es la existencia «objetiva».[7] Cuando un objeto se nos presenta, lo que se nos aparece no es su existencia nominal, sino su existencia objetiva.

Sin embargo, podemos pensar que, como la mente capta esos fenómenos, existen tal como aparecen, y podemos igualmente pensar lo contrario. También es posible captarlos pensando que son realmente tal como aparecen. Mientras no los hayamos analizado de manera consecuente, parecen existir objetivamente.

Podemos pensar, por ejemplo, que esas flores son blancas. En tal caso, pensamos simplemente que son blancas y no que son objetivamente tal como aparecen. Tienen la apariencia de flores, y esta simple aparición les confiere una especie de existencia objetiva. De hecho, las percibimos como bases de designación o como objetos. Pero a excepción del conocimiento directo e inmediato de la vacuidad, todas las percepciones son ilusorias.

¿Qué quiere decir esto? Que, aparte del conocimiento directo de la vacuidad, todos los otros estados mentales para los cuales los fenómenos aparecen como si existieran objetivamente, son pensamientos o conciencias distorsionados. Y en este sentido se dice que son un error.

Tal vez las flores nos parezcan muy hermosas y nos apeguemos a ellas, pero es la mente la que se apega al encontrarlas objetivamente hermosas, y este hecho será el origen de creer en su realidad. En la mente que capta las flores, está el pensamiento exclusivo de las flores, y éstas aparecen como si estuvieran dotadas de una existencia objetiva. Ahora bien, el hecho de creer que hay algo objetivo, que es tal como aparece y perfectamente independiente, es el realismo ingenuo.

En primer lugar hay un instante de percepción que no establece ninguna diferencia entre lo real y lo irreal, la simple percepción que consiste en ser consciente de las flores. Luego, al experimentar un ligero apego por esas flores, cuando nos decimos que allí hay un objeto independiente que suscita el apego y —ese apego es la prueba— que merece que uno se apegue a él, sólo queda adjudicarle la particularidad de ser real, y esto es el realismo ingenuo.

Y, por último, cuando aquel que tiene una buena comprensión general de que los fenómenos no existen realmente ve esas flores, cuando se le aparecen, las percibe como si existieran objetivamente, y por el hecho de que existen objetivamente sólo a nivel de la apariencia, pensará que aunque parezcan existir de ese modo, no es así. En esto consiste captar las flores a las que se habrá otorgado la particularidad de no ser reales.

Por tanto, esas flores pueden captarse de tres maneras distintas: la primera, sin revestirlas de la particularidad de ser o no reales; la segunda, considerándolas reales; y la tercera, tal como la capta el individuo que al haber experimentado directamente la vacuidad, percibe las flores desde el punto de vista de su irrealidad.

La existencia es puramente nominal, y nada nunca ha tenido una existencia objetiva. Además, como esta existencia puede tener efectos buenos o malos, debe de tener algo que produzca esos efectos. Pero es totalmente imposible señalarlo. Ese algo propiamente no puede encontrarse. No se trata en absoluto de la nada, pero no es nada que exista objetivamente. De ningún modo. Por consiguiente se dirá que las cosas existen sólo por su nombre, sin ni siquiera merecerlo.

La palabra «simple» en la expresión «simple designación» no significa que las únicas realidades sean los nombres, que tan sólo haya nombres y no objetos, ya que debe haber un objeto que se ajuste con su nombre. Un nombre puede estar equivocado. Si las realidades no fueran más que nombres y nada más, no sería necesario, creo, entretenerse en ver si esos nombres corresponden a sus objetos. Hay objetos, objetos que no son nombres, pero aunque estén presentes, no podemos decir nada sobre ellos. Existe un objeto que responde a un nombre, pero, en el caso de existir, ¿cuál es su esencia? Solamente un nombre. Es un objeto denominable cuya existencia es tributaria del nombre, no existe objetivamente.

Este modo de existencia, que no es la simple inexistencia del objeto, es una existencia derivada de la fuerza de un nombre, de una designación convencional, tan sólo es un ser producido por la fuerza de designación de un concepto, pero no es nada que pueda existir objetivamente, y por tanto, cuando deseamos saber de qué objeto se habla al hablar de existencia objetiva, pues bien, este objeto es imposible de encontrar. Eso es lo que debemos comprender cuando se dice que las cosas no existen por su esencia.

Los mâdhyamicas-svâtantrikas admiten esta existencia objetiva. Para ellos, es un simple nombre pero, tal como he dicho, no designa una simple existencia nominal sin que haya nada objetivo. Consideran que existe lo que aparece como una realidad objetiva independiente de una conciencia sana, es decir, no empañada por causas de error momentáneas,[8] lo que aparece existe por esencia a nivel convencional como una realidad objetiva. Como esta apariencia es la percepción de una conciencia sana, los no prasángikas ven en ella algo que existe objetiva e independientemente de su designación.

En resumen, si las cosas pudieran existir por sí mismas, deberíamos considerar, por ejemplo, que existe un Matthieu real al que le corresponde el nombre de Matthieu. Imaginemos, pues, una realidad independiente que llamaremos Matthieu. Tras lo cual podremos tener el pensamiento de que «el monje Matthieu está allí». Este pensamiento estará conforme con su objeto. Si, independientemente de la designación «Matthieu», y sin que la palabra Matthieu exista por el hecho de aparecerse a una conciencia sana, si ese nombre tuviera alguna clase de existencia extraordinaria,[9] a aquel que no conoce el nombre de Matthieu con sólo ver a Matthieu le bastaría ya para conocer su nombre. Pero no es así. Algo aparece como si existiera objetivamente y por esencia. Sin embargo, esta apariencia ha sido vinculada con un nombre, y es esta unión de los métodos y del conocimiento la que permite establecerla como un fenómeno existente. Para los svâtantrikas es así como los fenómenos existen.[10]

Para los prasángikas, la diferencia es la siguiente. La existencia es algo estrictamente nominal, y en ningún caso objetiva. Los textos del Camino Medio utilizan siempre la comparación de la cuerda y la serpiente. Se deja en la penumbra una cuerda arrollada y moteada. Alguien podría pensar que se trata de una serpiente pero, en tal caso, la serpiente que imagina esa persona no existirá en absoluto. Nunca ha habido una serpiente en esa cuerda moteada. Del mismo modo, en base a los agregados aparece el pensamiento del sí mismo.

Aunque a los agregados se les haya sobrepuesto el pensamiento de que constituyen el individuo, nunca ha habido, en ese objeto al que se le añade el pensamiento de «yo soy», o de «ése es el individuo», la más pequeña posibilidad de ser efectivamente un individuo. Al igual que la cuerda moteada, nunca tuvo el menor elemento que constituyera una serpiente, y aunque la noción de individuo formada tomando como base los agregados corresponda a su objeto y constituya un conocimiento verdadero, tanto en un caso como en el otro, la inexistencia de la serpiente en la cuerda es análoga a la inexistencia del individuo en los agregados.

Pensar que hay una serpiente cuando sólo hay una cuerda es una percepción distorsionada, en cambio pensar que los agregados son la base del individuo no es un conocimiento erróneo. Pero entonces, ¿dónde radica la diferencia? No podemos decir que haya una serpiente donde hay una cuerda, ni que haya un individuo donde hay agregados, por la buena razón de que percibir una serpiente en lugar de una cuerda puede ser contradicho por otra percepción a nivel convencional, ya que si llevamos una luz al lugar la idea de que es una cuerda y no una serpiente se impondrá como una idea verdadera en el sentido convencional. Y seguro que al alargar la mano tocaremos una cuerda y no una serpiente. Esta clase de evidencia convencional sirve para aclarar el error y, por ello, no es errónea.

En cambio, ninguna otra razón convencional puede demostrar que la idea de confundir al individuo allí donde hay agregados sea falsa. Respecto a otro individuo, también habrá un individuo. Desde los budas hasta nosotros, seres ordinarios, no se ha hecho más que decir que hay individuos, y no individuos que procedieran en cierto modo de los agregados. No es totalmente erróneo pensar que existe un individuo a partir de los agregados. Sin embargo, si el pensamiento de que el individuo existe en función de los agregados no es una idea falsa, quiere también decir que allí donde hay agregados, hay individuos, pero que allí donde hay una cuerda, no hay una serpiente.

En tal caso, ¿cuál es la diferencia? Es necesario explicar que desde el punto de vista del sujeto, de la conciencia, el conocimiento verdadero de otra persona desmentirá la idea de que hay una serpiente donde sólo hay una cuerda; pero el pensamiento de concebir un individuo tomando como base los agregados no podrá ser desmentido por otra inteligencia a nivel convencional; en este sentido, se trata de una conciencia que no se equivoca y está de acuerdo con su objeto. Así pues, en términos de una inexistencia objetiva, no existe ninguna diferencia.

El «error» surge desde otro punto de vista, del hecho de que el pensamiento de «ése es el individuo» tenga una apariencia real. Pero la percepción de esta conciencia no está aún afectada por la creencia realista. Sólo hay el pensamiento de que aquello es el individuo. El objeto de esta percepción es el individuo, y ningún otro conocimiento convencional verdadero podrá demostrar lo contrario. Pero la conciencia se engaña al percibir una existencia real. El objeto de esta percepción es el individuo, y esto es correcto. El error radica en creer que hay alguien real.

Así pues, se considera distorsionada la conciencia que percibe una cuerda como una serpiente, ya que es una ilusión. La creencia de que existe un individuo que tiene como base los agregados es un error, pero está de acuerdo con su objeto. Si no conseguimos captar la diferencia, corremos el peligro de pensar que para los filósofos prasángikas, los actos buenos y malos no tienen consecuencias positivas ni negativas, ya que no tienen una verdadera realidad. Pero los prasángikas diferencian un hombre visto en sueños de un ser de carne y hueso.

Los prasángikas consideran que es necesario poder definir todo aquello que es, a nivel convencional, verdadero o no, un criterio de conocimiento verdadero o no. Pero es totalmente imposible definir un criterio de conocimiento verdadero tomando como base sólo el objeto. Así pues, se recurrirá al sentido común para establecer aquello que es verdadero o falso en términos de conocimiento; y también será necesario recurrir a él para saber si una cosa existe o no, si es o no verdadera. Por tanto, para los prasángikas, todos los fenómenos no son más que designaciones conceptuales. Y las designaciones conceptuales no son más que designaciones conceptuales.

Estas simples designaciones conceptuales ¿son mis propios pensamientos? ¿Sus pensamientos? ¿Los pensamientos de los seres animados del universo? Es imposible saberlo. Y el hecho de decir que tan sólo son designaciones conceptuales, es también una designación conceptual, no puede ser de otro modo. Lo que existe simplemente «como eso», sólo en el pensamiento, no es más que un postulado conceptual. En tal caso, si nos conformamos con las meras apariencias, clasificaremos los fenómenos de samsara y nirvana en función de su apariencia. Si queréis que os los defina, diría que para el sentido común existen por el mero hecho de sus nombres.

Pero cuando no nos conformamos con las meras apariencias, analizamos la condición, o la existencia real, de esos fenómenos, nos dedicamos a analizar su verdad absoluta, y no logramos encontrar nada. La física contemporánea explica que al llegar a un nivel muy sutil los objetos carecen de realidad. ¿No guarda similitud con el enfoque budista de la verdad absoluta de los fenómenos?

Al analizar los objetos provistos de forma, algunos científicos por lo visto no pueden encontrar nada y establecen que es simplemente así como se aparecen a la mente. Lo cual evoca la visión de los chittamâtrins. Algunos investigadores piensan que la mente existe realmente, que es algo concreto. Esta óptica podría tildarse de chittamatra.

La postura de los prasángikas aparece también en el *Ingreso en el camino de la Iluminación:* tanto los objetos, en el exterior, como el sujeto, en el interior, por lo visto no tienen una existencia real, sino sólo convencional.

En cuanto a demostrar la irrealidad del yo individual, me contentaré con evocarla citando el *Collar de Joyas:*

> «El hombre no es tierra, ni agua,
> ni fuego, ni aire, ni espacio,
> ni conciencia. Si no es nada de todo esto,
> si es otra cosa ¿qué es el hombre?
>
> Si el hombre es la reunión de los seis elementos,
> no es realmente el hombre. Asimismo,
> si designa la reunión de los seis elementos,
> no existe por esencia.»

Ahora, para demostrar la insustancialidad de los fenómenos, admitiremos que algunas cosas existen por esencia. Para demostrar que hay realidades independientes, se explicará que nacen de causas, que pueden producir efectos, que tienen una esencia y que ésta está en conformidad con sus atributos.

Y a la inversa, para demostrar que una realidad carece de esencia, se demostrará que ha nacido de una causa y no de sí misma, ya que aquello que proviene de una causa no existe por esencia. Si el fenómeno de la producción existiera realmente, sería necesario que las cosas nacieran de sí mismas, de otra cosa, de dos a la vez, o sin ninguna causa. No existe una quinta posibilidad.

La tesis sâmkhya afirma que las cosas nacen de sí mismas, o del Sí Mismo. Para los sâmkhya, todas las causas y efectos tienen la única naturaleza del *pradhâna,*[11] se presentan como la expresión o la manifestación exclusiva del *pradhâna.* Sea cual sea la naturaleza del efecto, será la misma que la naturaleza de la causa. Al examinar esta naturaleza idéntica de los efectos y las causas, se distinguirán los efectos manifiestos de los no manifiestos. En resumen, en el instante de la causa, el efecto ha reunido, por así decirlo, todos sus atributos. En cuyo caso, en lo que concierne al objeto, y durante la fase de producción del efecto, dicho efecto existe ya en el momento de su causa. Si tiene que nacer otra vez desde el principio, este nacimiento no será uno solo, lo cual es absurdo.

«Nacer» es aparecer como algo nuevo, como algo que no existía antes y se manifiesta ahora con la ayuda de causas y condiciones. Si una cosa existe ya en el momento de la causa que va a engendrarla, no será necesario que su producción sea la aparición de algo nuevo, por tanto, el error yace en esta producción insensata. Si aquello que ya ha nacido tuviera que nacer de nuevo, no se acabaría nunca. La idea peca también de establecer una producción que no acaba nunca.

Pasemos ahora a analizar lo que se denomina «producción a partir de otra cosa». Para Bhavaviveka, las cosas no nacen de otras cosas sólo a nivel absoluto sino que, a nivel relativo, también nacen de causas distintas de sí mismas.

En su intento de demostrar la existencia real de la producción, los prasángikas hablan de «producción a partir de cuatro alternativas». Cuando hablamos de «otra» cosa, no podemos admitir que su cambio sea una pura abstracción. Por tanto, empezamos imaginando «otra» cosa que sea perfectamente independiente. Si decimos que un efecto nace de otra causa, real e independiente, en el momento de la semilla, su producto, el brote, todavía no existe.

Así pues, si hablamos de otra cosa independiente al considerar el brote como un producto distinto de la semilla, tendremos dos fenómenos independientes y reales diferentes el uno del otro. Podremos decir que son distintos según su posición recíproca. Pero aquello que no pertenece al presente, sino al futuro o al pasado, sólo puede considerarse como «otra» cosa mentalmente. En tal caso, la diferencia será puramente nominal, ya que no puede existir una cosa que sea otra e independiente.

Así pues, en el momento de la semilla productora, el efecto producido no existe; de ahí que uno sólo exista en relación con la otra y la designación de «otra» sea imposible.

Las cuatro escuelas de filosofía budista explican, asimismo, que durante el proceso de la producción, la causa que se acerca a la cesación y el efecto que se acerca al nacimiento son simultáneos. Desde el momento que el efecto se acerca al nacimiento, debe existir. ¿El nacimiento de qué? El nacimiento del efecto. En este nacimiento del efecto, éste es el soporte y el nacimiento lo soportado, el efecto es el sustrato de las cualidades y el nacimiento una cualidad. Ahora bien, si el soporte y lo soportado existen independientemente —ya que sin la existencia del soporte, que es el efecto, el nacimiento no es posible—, si el uno y el otro existen independientemente, será necesario que al existir lo soportado o el nacimiento, el soporte o el efecto también exista.

En el momento que la causa se acerca a la cesación y el efecto al nacimiento, el efecto no existe. Por tanto, no hay nacimiento. Así pues, el nacimiento a partir de otra cosa tampoco es la solución acertada. De ahí que se enseñe que el nacimiento, o producción, es también indefendible. De modo que en la idea de la producción a partir de otra cosa no son sostenibles ni la idea de «otra» cosa ni la idea de producción.

Luego, al examinar el yo con la ayuda del séptuplo razonamiento,[12] es imposible establecer que un ser exista simplemente por su esencia. Los razonamientos sobre el ser, el no-ser, la producción y la cesación demuestran que si una cosa existiera por su esencia, ninguna causa podría crearla. Y si estuviera en la esencia de una cosa el no existir, ninguna causa podría producirla ni ella podría producir ningún efecto.

En resumen, la «producción interdependiente» trata de la existencia relativa en función de los vínculos de interdependencia. Lo relativo y lo no relativo se oponen, y no hay otra alternativa: o bien hay una producción relativa, o bien ocurre en lo absoluto. Lo que existe de forma relativa está vacío de existencia absoluta. Por tanto, no hay ninguna realidad que exista de forma absoluta.

Lo esencial es reflexionar por uno mismo, según la experiencia personal, y después meditar. Las apariencias seguirán presentándose como siempre lo han hecho, pero si al reflexionar obtenemos la más leve comprensión de cómo son los fenómenos, poco a poco se presentarán de otra forma.

De ese modo, los pensamientos que acompañan al realismo ingenuo dejarán de atenazarnos y llegaremos a experimentar estados de conciencia que ya no estarán necesariamente condicionados por el realismo. Impregnados por la idea de renunciación, esos estados de conciencia conducen a la meditación que une la quietud y la visión superior con el conocimiento directo de la vacuidad. Son, por tanto, causas que conducen a alcanzar la liberación. Forman la propia senda de la liberación.

Cuando, impregnados de la mente de Iluminación, meditamos sobre la unión de la quietud y de la visión superior que conoce directamente la insustancialidad, obtenemos el antídoto directo del velo cognitivo, y ese antídoto nos permite alcanzar la omnisciencia. En consecuencia, si podemos meditar sobre este estado de conciencia muy sutil que designa el conocimiento directo de la vacuidad, pronto disiparemos el velo cognitivo. Esto pertenece a la especial profundidad de los tantras.

Aquí finaliza la conferencia budista propiamente dicha. Todas las cuestiones las he abordado *grosso modo,* en cierta forma en su germen. Yo tampoco conozco demasiado bien el tema. En todo caso, consultad constantemente los textos, y al unir lo que habéis estudiado con vuestra propia experiencia, iréis adquiriendo poco a poco una idea de lo que se ha explicado.

Para el voto de la mente de Iluminación de esta tarde, deberemos respetar los conceptos de maestro y de discípulo. Por tanto, es preferible que sólo vengáis aquellos de vosotros que me hayáis examinado bien. Desde el año pasado estoy diciendo que debíais tener una especie de tarjeta.[13]

Ruego a los seguidores de Shoukden que no se unan a nosotros.

29 de abril, 1997, mañana

PREGUNTAS Y RESPUESTAS

¿Es posible amar sin sentir apego?

Sí. Y así es como debe ser. Es importante saber ver la diferencia. El apego está lleno de parcialidad,[1] de proyecciones mentales. La compasión es imparcial e ignora las proyecciones mentales.

Ha hablado de emociones ofuscadoras ¿pero existe alguna emoción que sirva para eliminar la ignorancia?

Hay dos clases de emociones. El amor, la compasión, el altruismo, todo ello son emociones, emociones positivas. Y al habituarnos a ellas podemos desarrollarlas hasta el infinito. Las emociones positivas fomentan el conocimiento, en cambio las emociones negativas no.

¿Un ser que no esté iluminado puede conducir a otros seres a la Iluminación?

No podrá conducirles hasta lo último. Instintivamente les dirá que deben hacer esto, aquello... Si desea ser un guía, deberá inspirarse en su propia experiencia. Y a pesar de que esta experiencia no sea completa, dirá: «Haced eso...». ¡Ji, ji! Como en mi caso. Yo me ejercito un poco en prácticas como la meditación sobre la mente de Iluminación o la meditación sobre la vacuidad. Pero no tengo ninguna experiencia. He estudiado los grandes textos dignos de crédito. «¡Corred en esa dirección! —dicen—. ¡Corred en esa otra!» Podría decirse que me han reportado algún provecho. Pero no sé si ha sido mucho.

Si no hay ego, ¿qué justifica la compasión?

Sólo se dice que no hay un yo que exista realmente, el yo como simple nombre no existe. Pero no has hecho la distinción entre algo que no existe *realmente* y algo que no existe *en absoluto.* Sin embargo, al decir que la «creencia en la personalidad es el trampolín[2] para la budeidad», se hace referencia a la causa de nuestro vagabundear por el samsara. Ahora bien, al empezar a seguir la senda, se dice que lo hacemos precisamente por esta convicción que nos hace creer intensamente en la existencia real del yo: «Si yo *me* libero del sufrimiento, si *yo* alcanzo la felicidad...». Esta creencia en la personalidad, a pesar de ser negativa, los maestros suelen explicar que sirve como un trampolín que permite alcanzar el estado de Buda.

Las enseñanzas de los Mantras secretos son profundas, pero mientras no hayamos reunido todas las condiciones que permiten meditar sobre dichas enseñanzas, haremos progresos más sólidos siguiendo la senda de los sutras. Asimismo, las enseñanzas de los prasángikas, al señalar que ningún fenómeno existe por esencia, son las más profundas. Sin embargo, si no podemos admitir este tipo de filosofía, si no nos conviene para nuestra clase de inteligencia, haremos progresos más sólidos siguiendo la filosofía de los svâtantrikas o la de los chittamâtrins.

¿Cómo nace la compasión de la vacuidad y del continuo luminoso de la mente?

La compasión designa muchas cosas. Hay muchas maneras de comprenderla. Si lo que llamamos comúnmente «compasión» está impregnada del conocimiento de la vacuidad, creo que podemos concebir el fin del sufrimiento. Como existe un medio de detenerlo, aquel que lo padezca intentará liberarse de él con mayor intensidad. Si no hubiera ninguna escapatoria, pensaríamos que es inútil hacer nada, aunque lo intentáramos «con todas nuestras fuerzas», y ello sería desesperante.

Recientemente se han llevado a cabo experimentos de clonación. ¿Cuál es el karma de los clones? ¿Están dotados de conciencia?

Si experimentan placer y dolor, si tienen percepciones, por fuerza habremos de decir que tienen una conciencia, que tienen un karma. ¿Qué actos han conducido a semejante efecto? Sólo el Omnisciente puede saberlo directamente. A nosotros nos resultaría muy difícil conocerlo. Los razonamientos sobre la vacuidad permiten comprender este tipo de cosas. Es necesario reflexionar sobre ello ayudándonos del análisis lógico de su «vacuidad». Por lo general, en la causalidad kármica, el bien atrae el bien, y el mal, el mal. Si examinamos las cosas poco a poco, sólo podremos conocerlas vagamente. Creo que esta pregunta es sumamente sutil y es imposible conocerla hasta no haber disipado el velo cognitivo.

¿Cómo se puede vencer un profundo sentimiento de soledad?

Sea cual sea el origen de este sentimiento, guarda relación con el punto de vista que tenemos de la cosas. Al margen de que se tenga o no una creencia religiosa, la razón principal de ese sentimiento es que quien lo experimenta siente muy poco amor. Cuando sentimos muy poco amor hacia los demás, lo que debemos incriminar es nuestra forma de ver las cosas. Pensamos que los demás no nos aman, y entonces nos sentimos solos.

¿Por qué negarse a sufrir? ¿No indica esto debilidad? ¿No significa no aceptar la vida en su totalidad?

Si es posible acabar definitivamente con el sufrimiento, si la Tercera y la Cuarta Nobles Verdades son auténticas, merece la pena reflexionar sobre las dos primeras. Si las dos últimas verdades son falsas, nos queda el alcohol y el sexo, porque es totalmente inútil insistir en el sufrimiento. Y si no es posible vencerlo, de nada sirve pensar en él. Creo que, en líneas generales, el propósito de la vida es ser feliz.

¿Somos responsables de nuestras enfermedades? ¿Aparecen por nuestra culpa?

Cuando se ha hecho todo lo posible por evitarlas, cuando se han probado todas las terapias posibles, si la enfermedad resulta incurable, es bueno reflexionar sobre la causalidad kármica. En el budismo, nosotros somos por fuerza responsables, pero esto no quiere decir que debamos aceptar el sufrimiento. Debemos intentar eliminarlo por todos los medios posibles. Es como si para liberarnos de un gran dolor soportáramos otros más pequeños.

¿Por qué debemos combatir las emociones? ¿No podríamos dejar que desaparecieran por sí solas?

Ya he hablado sobre ello al mencionar la cólera. Pero volveré a repetirlo, hay algunas emociones que es conveniente extirpar, y otras que ganan fuerza, que empeoran cuando las toleramos.

Los ciegos de nacimiento ¿tienen una conciencia visual? Cuando nos volvemos ciegos y recordamos ciertas imágenes ¿se trata de la conciencia visual o no?

No sabría decir si se trata de la conciencia visual. Es una imagen mental que aparece en la mente. Sea lo que sea, ¿qué se entiende por «conciencia visual» en el caso de un ciego de nacimiento, si esta conciencia depende necesariamente del órgano de la vista? Puede tratarse de la aparición de antiguas tendencias. La situación no es la misma si esas tendencias se manifiestan o no. La diferencia debe encontrarse allí, en el despertar de antiguos esquemas. Se debería investigar sobre este tema.

¿Es posible recibir enseñanzas budistas sin dejar de ser cristiano?

Creo que sí. En primer lugar, uno es cristiano y también podría ser budista. Uno se siente feliz de haber tomado refugio en el Buda, y ama también a Jesucristo. Así pues, cada persona sigue cada una de las religiones en sus puntos específicos. Pero al llegar a la vacuidad budista, la verdad absoluta presenta algunas dificultades.

29 de abril, 1997, tarde

CONFERENCIA

El voto de la mente de Iluminación.
La «oración en siete partes».

Voy a hablaros ahora de lo que se llama «voto de la mente de Iluminación con ritual», de «hacer el voto de la mente de Iluminación votiva[1] con una promesa».

Cuando a través del adiestramiento espiritual nos hemos ejercitado en la mente de Iluminación y hemos adquirido aunque sea una mínima experiencia, ésta se estabilizará si hacemos el voto de la mente de Iluminación votiva.

Hay una incalculable cantidad de rituales, todo tipo de rituales de la mente de Iluminación que pueden ser extensivos, abreviados e incluso condensados. Sea cual sea el objeto del ritual, yo siempre he preferido los que con pocas palabras hacen reflexionar mucho. Los rituales más largos me resultan más agotadores que los que hacen pensar. De modo que el ritual de hoy será de los más reducidos.

Para empezar os diré algunas palabras sobre la mente de Iluminación.

«Producir o generar la mente de Iluminación» es ensanchar la mente. Hasta ahora cada uno de nosotros había pensado básicamente en sí mismo. Ensanchemos, pues, nuestra mente pensando en el conjunto de seres animados. Y aparte de dedicarnos a beneficiar a todos los seres, reflexionaremos sobre la visión de la vacuidad que acabo de explicar, ya que nos muestra que las impurezas pueden agotarse y que la «verdad de la cesación» es alcanzable. Y además, pensaremos en algo que pueda lograrse dentro de nuestro continuo psíquico.

Al pensar en todo momento en el bien de los seres, el continuo de cada uno puede acoger la visión de la vacuidad, y comprender que las impurezas de nuestro continuo pueden llegar a agotarse y que es posible alcanzar en él la verdad de la cesación; pensando así, y solamente entonces, no sólo nos limitamos a ayudar lo mejor que podamos a los seres, sino que al saber que es posible liberarlos del sufrimiento y de su causa, sólo hemos de decidir hacer todo lo posible por liberarlos. Procederemos, pues, de esta manera, recurriendo a la sabiduría trascendente para incrementar infinitamente la justa producción de la mente de Iluminación.

Los seres animados son innumerables pero, como nosotros, cada uno desea sólo una cosa, no sufrir y ser feliz, en esto todos nos parecemos. Al igual que nosotros merecemos liberarnos del sufrimiento, todos los seres animados merecen también liberarse de sus sufrimientos individuales.

Cada uno tiene su propia manera de disipar los sufrimientos y de alcanzar la felicidad, y lo mismo ocurre en todos los seres animados. Cada «yo» es precioso e importante, pero no cuenta más que para uno mismo con relación a los seres cuya inmensidad llega hasta los confines del espacio, ya que los seres animados son infinitos. Pero lo más importante es su gran número, como puede leerse en el *Ingreso en el camino de la Iluminación:*

> «Ya que todos tenemos el mismo deseo de ser felices,
> ¿por qué debería esforzarme sólo en alcanzar
> mi propia felicidad?
> Y puesto que todos tememos
> el peligro y el sufrimiento,
> ¿por qué tendría el derecho de protegerme
> sólo a mí y no a los demás?»[2]

Como los demás y yo tenemos la misma necesidad de ser felices, Santideva se pregunta por qué habría de ser él el único objeto de sus esfuerzos por alcanzar la felicidad. De igual modo, puesto que ninguno de nosotros quiere sufrir, se pregunta cómo podría pensar en encontrar un medio para protegerse únicamente de su propio sufrimiento.

Pero aún hay más. Existe un gran vínculo entre nuestra felicidad y sufrimiento y los de los demás. Si no hubiera ninguna relación entre la felicidad y el sufrimiento de uno y la felicidad y el sufrimiento de los demás, no podríamos pensar nunca en la felicidad y el sufrimiento de los demás, y la felicidad y el sufrimiento de cada uno respondería a nuestras propias aspiraciones. Pero no es así. Existe una gran relación entre la felicidad y el sufrimiento de los demás y los nuestros. Si los demás son felices, nosotros también podemos serlo. Si los demás son desdichados, nos resultará difícil ser los únicos que somos felices.

Además, mientras pensemos en la felicidad y el sufrimiento de los demás, nuestro espíritu tendrá fuerzas. En cambio, en la medida en que pensemos sólo en nosotros mismos, albergaremos proporcionalmente más esperanzas y temores. Cuántas más esperanzas y temores tengamos, más miedo y grandes pavores experimentaremos.

Debemos también amarnos a nosotros mismos, ya que si uno no se quiere a sí mismo, no podrá querer a los demás. Empezamos dirigiendo este afecto hacia nosotros mismos, y después amaremos sin duda a los demás.

Sin embargo, en cuanto a apreciarse a sí mismo, pensar sólo en uno mismo, menospreciando la felicidad de los demás, produce infelicidad. Si sólo nos preocupamos por nosotros seremos infelices, y si tenemos una familia la haremos infeliz, e incluso también a la sociedad. En resumen, el origen del problema radica en pensar sólo en uno mismo menospreciando la felicidad de los demás.

Si, por el contrario, pensamos que el bien de los demás es mucho más vasto que nuestro propio bien, en el fondo de nuestro ser no encontraremos más que valor, no nos arrepentiremos de nada, nuestro espíritu estará en paz, y por esta razón nos sentiremos útiles, incluso en la intimidad, pensaremos haber satisfecho las necesidades de la vida, y este tipo de pensamientos aportan felicidad incluso en el seno de nuestra propia familia. Por tanto, lo que es realmente útil procede de este tipo de estado mental, y el aprecio que sentimos por los demás hará que les amemos, contribuyendo tanto a la felicidad general como personal. Ésa es la base.

Algunos pueden preguntarse si al ocuparse de la felicidad y el sufrimiento de los demás, si al pensar en su sufrimiento y también en el de los demás, no estarán aumentando su propia desdicha. A este respecto el *Ingreso en el camino de la Iluminación* responde negativamente.

Cuando tenemos un problema y estamos preocupados, cuando hemos hecho todo lo posible por resolverlo y no ha servido de nada, nos sentimos desamparados, trastornados, impotentes. Pero cuando por compasión experimentamos un violento sentimiento de intolerancia hacia los sufrimientos que torturan a los demás, ya no queda lugar para ese sentimiento de impotencia.

Cuando nuestro espíritu se vuelve más valeroso y aceptamos encargarnos del sufrimiento de los demás, a partir del momento que pensamos en ellos, en su sufrimiento, experimentamos una ligera desazón, pero cuando ese sentimiento de tristeza ha desaparecido, nos entusiasmamos, nos sentimos llenos de valor, al contrario de lo que nos ocurría antes.

Ya he hablado del punto de vista de los que practican las enseñanzas de Buda, ¿no es cierto? La primera enseñanza que ponen en práctica es la de la disciplina, que consiste en renunciar a los diez actos no virtuosos. Para mencionar los grandes beneficios de esta práctica, diría que sus beneficiarios son los seres animados. Rehusamos matar, robar, abusar sexualmente, mentir, calumniar y ser groseros porque se trata de seres animados. Por tanto, debemos empezar por no hacer más daño a los seres animados, y en este caso el objeto «seres animados» es una necesidad, en ellos se apoya la disciplina.

Todas las reglas de la disciplina de liberación individual consisten en renunciar a dañar a los demás, así como a la base mental de ese daño. Al presentarse una posible víctima, rehusamos perjudicarla viendo los inconvenientes de cualquier acto nocivo como un gran mal. Así es como se procede en la disciplina de liberación individual.

En cuanto a la senda de los bodhisatvas, la generosidad, la disciplina y la paciencia se practican necesariamente en el mundo de los seres animados, y la paciencia es la práctica principal de los bodhisatvas. ¿Por qué? Porque es necesario cultivar la mente de Iluminación tomando como base el amor y la compasión. La meditación sobre el amor bloquea por fuerza el odio, que se opone al amor, y la paciencia es necesaria, ya que es el antídoto de la cólera. Así pues, para meditar sobre la paciencia, necesitamos un objeto para la paciencia: un enemigo.

Pensándolo bien los enemigos son esenciales, casi tanto como los maestros espirituales. No podemos meditar sobre la paciencia tomando como objeto al Buda. La paciencia va dirigida a los enemigos que agitan nuestro espíritu, que nos llenan de cólera. Son necesarios para progresar en la práctica. De modo que no diré nada sobre la inmensa bondad de todos los seres, ya que se ha explicado que aquellos que consideramos nuestros enemigos, aquellos a los que damos la espalda, a los que queremos perjudicar, son especialmente generosos en este sentido.

Asimismo, la «compasión» es una de las prácticas más esenciales, y tendrá por objeto el conjunto de seres afligidos por la infelicidad. La senda del Pequeño y del Gran Vehículo, esta maravilla, y las múltiples acumulaciones de méritos que podemos cultivar al seguirla, todas esas prácticas tienen por objeto los seres vivos, nuestras queridas madres, y esas prácticas que culminan con la verdadera y perfecta Iluminación, con el fin de cualquier defecto y la posesión de todas las cualidades, se llegan a alcanzar también tomando como objeto nuestros hermanos y hermanas, los seres vivos.

Santideva lo escribe en el *Ingreso en el camino de la Iluminación:*

> «Gracias a los seres y a los budas
> adquirimos las virtudes de un buda.
> Pero la veneración que profesamos a los budas,
> se la negamos a los seres ¿por qué esta diferencia?»[3]

Para alcanzar el estado de Buda, necesitamos tanto a los seres ordinarios como a los seres iluminados. Es un grave error venerar sólo a los budas ignorando a los seres ordinarios. Por otra parte, es en el Buda en quien tomamos refugio y depositamos nuestra fe. Ahora bien, lo único que le interesa a ese Buda en el que tenemos fe, son los seres animados. En tal caso, ¿no sería hipócrita tomar refugio en el Buda ignorando a aquellos a quienes Buda ofrece el refugio de su gran amor? Si lo amamos de verdad, es importante no hacer nada que vaya en contra de su corazón. ¿Acaso no es lamentable creer en el Buda y maltratar, dominar, despreciar y engañar a los desdichados que el Buda no cesa de atrapar con la ayuda de los ganchos de su compasión?

Si se tratara de un ser ordinario, de un amigo muy íntimo, respetaríamos su sensibilidad, intentaríamos evitar todo lo que le disgusta, nos diríamos que de no ser así se entristecería, que si obrásemos a nuestro antojo se apenaría. Si, por ejemplo, nuestro amigo es vegetariano, no es conveniente comer carne delante de él, ya que sería no tenerlo en cuenta. Si nos avergüenza no tener en cuenta a un amigo, que no es más que un ser común y corriente, deberemos tener un poco en cuenta la opinión iluminada de los budas y bodhisatvas. Cuando tenemos fe en el Buda es lamentable considerar a los seres «ordinarios» como seres a los que aplastar o en los que desquitarse. Ese modo de actuar siempre me ha parecido deplorable. Los que son budistas deberían reflexionar a fondo sobre ello.

Para los demás no hay ningún problema si piensan asistir a una conferencia.

Ahora hablaré refiriéndome a los budistas. Tras reflexionar de ese modo en la mente de Iluminación, los budistas deben practicar teniendo fe en el Buda y amando el Dharma, al propio tiempo que respetan el pensamiento iluminado de Buda.

Aunque uno actúe para sí mismo, en la medida de nuestro altruismo lo que hagamos aportará el bienestar temporal y la ayuda a largo plazo. Si por el contrario, desatendemos a los otros seres animados al estar obsesionados por nuestro bien personal, caeremos en la visión parcial de alcanzar el nirvana de paz propia del Arhat de los Oyentes, que presenta el defecto de apreciarse excesivamente a uno mismo. Esta deficiencia es el efecto de una falta de aprecio hacia los demás. Al ser practicantes, discípulos del Buda, nos ejercitaremos en las acciones perfectamente puras del Buda. De todas las numerosas acciones de Buda ¿cuál es la que cuenta más? La «mente» de Iluminación, que consiste en preferir a los demás antes que a uno mismo.

Así pues, intentaremos hacerlo aunque no lo hayamos logrado aún. Lo importante es pensar que persistiremos en ello, aunque todavía no lo hayamos conseguido.

Como puede leerse en el *Ingreso en el camino de la Iluminación:*

> «¿Acaso es preciso explicarlo demasiado?
> Entre aquel que actúa para sí mismo
> y el Buda que actúa para los demás,
> ¡observad cuánta diferencia hay!»

Hasta ahora nos hemos, con conciencia y diligencia, preferido a los demás; hemos actuado así hasta el día de hoy: nos hemos amado menospreciando a los demás. Y he aquí el resultado. Ahora que hemos escuchado los defectos de amarse sólo a sí mismo y las cualidades de amar a los demás, deberíamos concentrarnos en disminuir el aprecio que sentimos por nosotros mismos tanto como podamos y desarrollar lo máximo posible el aprecio que sentimos por los demás, porque de ese modo el sol de la felicidad saldrá y beneficiaremos tanto a los demás como a nosotros mismos. Desde ahora, esperemos que así sea. Ahora repetid lo siguiente: «He tomado la resolución de practicar la senda de los bodhisatvas, los hijos del Vencedor, siguiendo su perfecto ejemplo».

He hablado ya del «cuerpo absoluto para sí mismo» y del «cuerpo formal para los demás». ¿Quién tiene el poder de realizar su proyecto y dedicarse al bien de los demás hasta alcanzar su bien supremo? Nada tiene que ver con el «corre de este modo, corre de ese otro», sobre el que he hablado ya esta mañana. Para ser capaz de hacer el bien a los demás de una manera segura utilizando la experiencia personal, es indispensable haber alcanzado lo que se denomina «cuerpo absoluto para sí mismo». Es necesario haber alcanzado el cuerpo absoluto para poder hacer el bien a los demás a través del «cuerpo formal para los demás». Es necesario pensar así porque: «Para poder alcanzar fácilmente el bien supremo de todos los seres animados, mis antiguas e infinitas madres, alcanzaré la budeidad en dos cuerpos».

Aquí, por tanto, la causa es la aspiración a dedicarse al bien de los demás, y se denomina «mente de Iluminacion» a la fuerza espiritual que acompaña la aspiración a dedicarse a la omnisciencia. Por ahora tan sólo es una idea artificial y no la verdadera mente de Iluminación. No podemos decir que vayamos a producirla hoy mismo y que nos convirtamos en bodhisatvas al instante.

Para generar y cultivar la mente de Iluminación debemos ante todo meditar sobre ella, seguir meditando y meditar siempre, durante mucho tiempo, apoyando la meditación con la acumulación de méritos, de sabiduría y purificando nuestros velos. Si no dejamos de meditar en ella, al cabo de varias vidas quizá lo consigamos; también podemos tardar kalpas. Pero no es imposible lograrlo en algunos años.

De todos modos, sea cual sea la senda elegida, deberemos empezar adquiriendo poco a poco una idea clara. Sólo después pasaremos a la experiencia: primero vendrán las experiencias a base de esfuerzo, luego sin esfuerzo y, por último, sin el menor artificio, sin tener que pensar en ello. Entonces, de forma natural y espontánea, la aspiración a dedicarse a la Iluminación estará motivada por el anhelo de dedicarse al bien de los demás y, aunque estemos andando, tendidos o sentados, con el menor pretexto, recordaremos la mente de Iluminación. Sólo entonces la habremos experimentado realmente. Pero a esto sólo se puede llegar al final de un continuo adiestramiento.

Ahora que hemos meditado a fondo en la mente de Iluminación y que tenemos una idea clara de ella, vamos a recitar, para estabilizar esta idea, una oración de aspiración incluida en un ritual. Recitaremos la oración en siete partes para realizar las acumulaciones y la purificación. No es necesario recitar un texto ritual en particular.

En primer lugar, debemos evocar a los budas y bodhisatvas. Después imaginaremos estar rodeados por los desdichados seres animados cuya infinidad llega hasta los confines del espacio; en nuestro corazón sentiremos compasión y amor por todos los seres, y tendremos la fe que inspira el bien. Por último, recordaremos las cualidades del cuerpo, la palabra y la mente de los budas y bodhisatvas. Una vez os sintáis inspirados, pensad que os posternáis humildemente ante ellos y les rendís homenaje uniendo las palmas de las manos.

A continuación imaginad todas las riquezas posibles, los bienes privados y todas las cosas placenteras que no pertenecen a nadie en particular. Imaginad que las ofrecéis a los budas y bodhisatvas. Pero pensad sobre todo que los actos positivos que habéis acumulado con vuestro cuerpo, vuestra palabra y vuestra mente se transforman en objetos que les ofrecéis.

Después decid que aunque no queréis sufrir, hasta ahora habéis acumulado muchas causas de sufrimiento que no han madurado todavía; con el arrepentimiento más sincero posible, pensad que habéis ingerido un veneno y que lo estáis confesando jurándoos no volver a cometer nunca más ningún acto negativo.

Luego meditaréis, en lugar de sobre el arrepentimiento, sobre la alegría que os inspira el bien que habéis hecho; alegraos de todos los actos positivos que los demás han acumulado, en pocas palabras, desde las buenas acciones acumuladas por no importa qué ser ordinario hasta las cualidades positivas y las puras acciones de todos los budas, alegraos de ello desde el fondo del corazón. Debéis también alegraros en especial de la clase de bien que pueden realizar los pobres principiantes, apreciando sus esfuerzos, sin albergar ningún pensamiento de celos o de rivalidad hacia ellos.

Ya he hablado de los cuatro cuerpos de Buda, así pues, su cuerpo de aparición asume una nueva existencia en función de aquellos a los que debe convertir: alcanza el sublime hecho de despertar en la real y perfecta Iluminación; pone en movimiento la rueda de las enseñanzas y efectúa su «pasaje más allá del sufrimiento». En los infinitos universos de los mundos, a partir del momento en que un cuerpo de aparición del Buda ha alcanzado el acto de la perfecta Iluminación, pone en movimiento la rueda del Dharma. Imaginad, pues, a los budas y bodhisatvas que todavía no han puesto en movimiento la rueda de las enseñanzas, y rogadles para que deseen enseñar el Dharma. Esto se denomina «exhortación a enseñar».

Después, concentrándoos en aquellos que se proponen «entrar en el nirvana», una vez que ya no tienen a más seres para convertir de tal o cual forma, les imploráis que no entren en él.

Por último, pensad en las seis partes de esta oración, desde el homenaje hasta la súplica de no entrar en el nirvana, todo esto nos habrá permitido acumular causas de bien. Pero todas esas causas de bien no están destinadas a producir un resultado inferior. Que puedan convertirse en la causa por la que alcancemos la dignidad de la suprema Iluminación perfecta en beneficio de la infinidad de seres.

Poco importa que no podáis pronunciar el texto tibetano de esta oración en siete partes, lo que importa es reflexionar sobre lo que significa. Ahora leeremos el folleto que se ha distribuido.

Con el pensamiento de liberar a los seres, tomaremos refugio declarando que, desde ahora y hasta alcanzar la Iluminación, tomamos refugio en el Buda, el Dharma y la Comunidad. En cuanto a la forma de tomar refugio, como ya se ha visto, hay dos: la primera consiste en depositar nuestras esperanzas en los Tres Refugios considerándolos separados de uno mismo. Y la segunda se diferencia porque consiste en tomar refugio pensando que uno mismo alcanzará el noble estado de las Tres Joyas. Lo más importante es pedir refugio a los budas y bodhisatvas que se encuentran ante nosotros para ser capaces de alcanzar los Tres Refugios. Así es como, en esencia, se toma refugio. Debemos tomar refugio en las Tres Joyas resultantes de nuestra práctica de la senda.[4]

Al recitar:

> «Al practicar el amor según el conocimiento
> me esforzaré por el bien de los seres:
> formulo ante los budas
> el voto de la Mente de perfecta Iluminación»

queremos decir que haciendo un gran esfuerzo por practicar la vacuidad que va acompañada de la compasión, es decir, el amor y la bondad a la luz del conocimiento trascendente, formulamos, ante la asamblea de budas y bodhisatvas, el voto de alcanzar la budeidad para el bien de todos los seres.

Tras haber dicho: «Generaré la mente de Iluminación», la habremos generado en ese momento. Ya he explicado cómo mantener la visualización. Pronunciando estas palabras cultivaremos con energía este pensamiento portador de una doble aspiración. Una vez hayamos leído juntos toda la oración, concluiremos con una cuarteta extraída del capítulo de la «Dedicatoria» del *Ingreso en el camino de la Iluminación:*

> «¡Mientras dure el espacio,
> quc pucda yo encontrarme
> allí donde haya seres
> para disipar su sufrimiento!»[5]

Mientras no se agote el espacio y, sobre todo, mientras dure esta situación en la que los desdichados seres animados ignoran el alivio del bienestar y no tienen refugio ni protector, si me es concedido que pueda permanecer con ellos, aunque no logre realizar nada importante, haré todo lo que pueda y me dedicaré exclusivamente a llevar a cabo aquello que les sea útil; ésta es la decisión que debemos tomar.

Recitando los tres últimos versos de esta estrofa: «... que pueda yo encontrarme / allí donde haya seres / para disipar su sufrimiento!», sellamos, por así decirlo, el valor ya adquirido. No se trata de decir sólo aquí, ahora, delante de los budas y bodhisatvas, que alcanzaremos la budeidad para el bien de todos los seres, sino de pensar que no haremos otra cosa que actuar por el bien de los demas «mientras dure el espacio».

Tal como podemos leer en el *Collar de Joyas* de Nagârjuna,

el elemento «espacio» constituye el soporte y terreno en el que los seres animados gozan. Asimismo, no deberemos tener otro pensamiento que el de ser objeto de gozo, el soporte y terreno de todos los seres animados. Deberemos decidir que tanto en la vida como en la muerte, en las ocasiones vulgares como en la suprema, ése será nuestro único objetivo.

Llegado este momento, los que de entre vosotros deseéis recibir la mente de Iluminación votiva, y si no os duelen las piernas, debéis apoyar la rodilla derecha en el suelo. Los que seáis más bien corpulentos podéis prescindir de hacerlo. Aquellos que tengáis un cuerpo voluminoso, una presencia imponente, permaneced sentados, plantados como montañas.

Ahora, relajaos y leed el texto en vuestro idioma tres veces. El maestro de ceremonia leerá una vez la oración entera. Después presentaré el texto y lo leeremos de nuevo.

Pensad que los budas y bodhisatvas se hallan ante vosotros; pensad que a vuestro alrededor están todos los seres animados. Imaginad que los budas y bodhisatvas son vuestros testigos mientras hacéis la promesa para el bien de todos los seres.

La segunda repetición es la mente reformada, la pronunciaréis después de haber reflexionado a fondo sobre ella.

La tercera y última repetición indica la disposición mental y el gran valor con que debéis proceder:

Haréis todo lo posible para que nunca desfallezca este estado de la mente excelente y perfecto, el pensamiento totalmente bueno y agradable de ser útiles a los demás.

Bien. Ya os podéis sentar de nuevo. Hoy no hay suficientes textos. Que cada uno lo lea cada día cuando tenga un poco de tiempo. Es bueno reflexionar un poco sobre él. Yo también pienso en él siempre. No tengo una gran experiencia, pero por pequeña que sea, ¡cuánto bien hace al espíritu!

Se dice que, en el Tíbet, el País de las Nieves, se han conservado en su integridad las enseñanzas de los dos vehículos y también las de los tantras. Ahora bien, lo esencial de estas enseñanzas podría resumirse en la «mente de Iluminación». Todas las enseñanzas del Pequeño Vehículo son los preliminares de la práctica de la mente de Iluminación. La senda de los tantras es la acción de la mente de Iluminación. La raíz de todas estas enseñanzas es, pues, la mente de Iluminación. Quizá nos cueste captar la visión de la vacuidad, pero nos resultará mucho más fácil comprender la noción de la mente de Iluminación. Pero aunque sea fácil comprenderla, es difícil experimentarla vívidamente. La mente de Iluminación y la visión de la vacuidad deberían constituir la base de nuestra práctica y de nuestra propia vida. Desde este momento las posternaciones, circunvalaciones, purificaciones y ofrendas pertenecientes a la actividad de los tantras se manifestarán como las ramas de la práctica de la mente de Iluminación. Muchos de nosotros olvidamos lo esencial para dar más importancia a esas prácticas secundarias. Pero es un error.

Habéis venido de muy lejos, pero os pido que me concedáis todavía algunos minutos más. Me gustaría deciros una cosa...

¿Tenéis alguna pregunta? Si es así, leedlas, por favor.

29 de abril, 1997, tarde

PREGUNTAS Y RESPUESTAS

¿Por qué se dice que la mente es luminosa?

En tibetano la palabra «conciencia» designa aquello que conoce su objeto. El individuo ¿sobre qué acto se apoya para «conocerlo»? Sobre un acto de conciencia. El hecho de conocer su objeto no es una creación condicionada, sino la propia naturaleza de la conciencia. La clara luz, en la expresión «clara luz originaria innata», constituye la base de la aparición del camino y el fruto; quizá fue ésta la razón por la que el Buda habló de la «clara luz». ¿Acaso no es, en una palabra, lo que permite eliminar la ignorancia?

Si no existimos como un sí mismo independiente, ¿cómo podemos decidir cualquier cosa?

Como ya he dicho esta mañana el problema viene de no saber establecer la diferencia entre existir y existir realmente, entre no existir y no existir realmente. Ya he hablado sobre ello.

¿Qué piensa de la eutanasia y el aborto?

Por lo general, es mejor dejar que la muerte llegue con la vejez y la enfermedad. Practicar la eutanasia es quitar la vida.

Sin embargo, hay que sopesar los pros y los contras en función de la necesidad del momento. En el caso del aborto es lo mismo. Por lo general, significa matar al feto. Es mejor evitarlo. Pero también se deben sopesar los pros y los contras.

Si no tuviéramos el menor apego, ¿por qué deberíamos movernos, actuar?

Ya he hablado sobre ello esta mañana. Pongamos, por ejemplo, una conciencia que capta las flores. Puede captarlas, en primer lugar, creyendo que son reales; en segundo lugar, sin hacer la diferencia entre realidad e irrealidad; y en tercer lugar, considerándolas irreales. No se afirma que todas las maneras de captar los objetos sean defectuosas. Tampoco lo son las percepciones: captar lo bueno como bueno y el sufrimiento como sufrimiento ocurre incluso a nivel de Buda. Por consiguiente, las cualidades de los budas se exponen de la siguiente manera: la omnisciencia que conoce directamente el «cómo» de las cosas, su esencia; y la omnisciencia que conoce directamente «cuántas» hay, toda su diversidad. Se explica que en la budeidad hay ciento cuarenta y seis sabidurías. Es imposible que el Buda no vea nada o no pueda ver nada.

¿Se puede tener por maestro espiritual a un maestro que ya no viva?

Sí, es posible. Si fue un maestro, sigue siéndolo. Si uno no deja de profundizar la experiencia y la realización personales, acabará encontrando el cuerpo de sabiduría del maestro.

¿El budismo es una filosofía o una religión?

Ambas cosas. Algunas personas dicen que es una «ciencia de la mente».

¿Piensa usted que la psicología puede servir de soporte a la práctica del budismo en Occidente?

Hay convergencias y divergencias. Creo que, en general, la psicología occidental tiene sólo por objeto las actividades mentales de esta vida. Sólo analiza esta vida y no habla nunca de los hábitos heredados de vidas pasadas. Lo cual demuestra la gran diferencia que hay. Intenta explicar las cosas basándose en las fluctuaciones del cuerpo. A veces tiene muchas dificultades al no encontrar ninguna explicación. Cuando la psicología explica la aparición de diferentes contenidos del pensamiento, la hace en función de las experiencias de esta única vida. Además cree que es posible explicarlo todo a partir del comportamiento físico. Pero la psicología no logra explicar por completo todo aquello que ella se considera capaz explicar.

Según la explicación budista muchos estados mentales se presentan al despertar antiguas tendencias adquiridas de vidas pasadas. Estos estados mentales no provienen sólo de esta vida, sino que son el despertar de hábitos pasados. Me resulta difícil explicar con la sola ayuda de las circunstancias exteriores e interiores de esta vida aquellos estados mentales que son el despertar de antiguas tendencias. Los parapsicólogos deberían verlo también así.

Por lo general, puede verse que la ciencia tiene unos límites. ¿Puede explicar todos los fenómenos que están dentro de esos límites? La pregunta me parece difícil. Y además hay fenómenos que no están dentro de esos límites. Hasta ahora la ciencia ha mantenido un progreso limitado que consiste básicamente en cálculos y medidas. A medida que vaya ensanchándose poco a poco, creo que su objeto también se ensanchará.

Jesús vivió después de Buda. En tal caso, ¿puede considerarse como una manifestación del Buda primordial?

Los budistas lo ven de la siguiente forma: los instructores de este mundo, seres santos útiles a los millones de seres que desean ayudar, son manifestaciones primarias y secundarias de los budas y bodhisatvas. Creo que Jesús podría considerarse como una de ellas. Es más, debería considerarse así.

¿Nuestras decisiones y elecciones son producto del karma?

Se habla de «acción análoga a su causa». Ya he abordado brevemente el tema esta mañana. Cuando en la vida anterior se ha adquirido el hábito de matar, en la siguiente reencarnación uno se sentirá impulsado a cometer actos análogos a su causa, en este caso, a matar insectos y otros seres animados. Podría decirse que la decisión de matar es el efecto de un hábito adquirido en la vida anterior. No sabría decir si, en general, las emociones negativas proceden del karma. Ya he hablado sobre ello, pero no sabría decir si esta decisión depende también del karma.

Una última pregunta, por favor.

¿Qué debemos pensar de la locura de aquellos que han perdido la facultad de analizar?

Si me preguntas por qué uno se vuelve loco, me estás pidiendo una oponión médica. Pero yo hablaré más bien del karma. Por lo general, se explica que hay causas y condiciones. Es necesario establecer la diferencia entre causa principal y causas secundarias, o condiciones temporales. En lo tocante a las causas, el karma es lo más fuerte. En cuanto a las condiciones, hay de tres clases, que a su vez están condicionadas por diversos cambios repentinos. Pero, en última instancia, la aparición de las condiciones obedece al karma. Sin embargo, sea cual sea el karma del instante, que puede ser positivo o negativo, las condiciones obedecerán a ese karma.

Palabras de conclusión

Os lo agradezco. Estoy muy contento de que en esta tercera ocasión, en la que hemos establecido un vínculo espiritual gracias a esta reunión en Francia, todo haya ido tan bien. Me gustaría agradecéroslo. Quisiera repetiros a todos vosotros que es importante que cada uno vigile su mente. Si tenéis una religión, sed buenos practicantes. Examinad a fondo las cosas y, si actuáis en contra de vuestra religión, observad vuestra mente y, a través de la memoria, la vigilancia y la atención, intentad detener lo que estáis haciendo, esforzaos en conteneros. Creo que la autodisciplina es primordial.

Si no tenéis ninguna religión, observaos a fondo a vosotros mismos. Cuando veáis que vais a perjudicar a otra persona, absteneos de hacerlo. Si en vuestra vida llegáis a ser útiles a los demás, habréis alcanzado el propósito de nuestra reunión.

No he venido para divertirme ni para contar historias. Yo busco la felicidad del espíritu y vosotros también. En tal caso ¿qué hemos estado haciendo? Nos hemos reunido para reflexionar sobre el modo de alcanzar la felicidad del espíritu.

Bien, ahora me despido de vosotros. Pienso que pronto volveremos a vernos. De todas formas, aunque nos veamos o no de nuevo, deberemos llevar una vida constructiva. Es necesario tener compasión. La vida no debe ser destructiva. Eso es lo esencial.

Notas

26 de abril, 1997, mañana: conferencia

1. Los dioses (en sánscrito *deva,* en tibetano* *lha*) forman una de las cinco o seis esferas de existencia del samsara. El mundo de los dioses es una esfera de la forma dominada por el veneno espiritual del orgullo. Los dragones (*naga, klu*), se parecen a las serpientes y pertenecen a la esfera de los animales; rigen el elemento agua y las riquezas subterráneas. Los comedores de perfume (*gandharva, driza*) son, en este caso, los cantores y músicos celestiales del mundo del Deseo.

2. Los tres mundos (*triloka, khams-gsum*) designan el conjunto del samsara, desde el más burdo al más sutil: el mundo del Deseo, el mundo de la Forma, y el mundo Sin Forma. Las seis clases de seres (*shadgati, 'gro-drug*) prisioneros del samsara se dividen en los procedentes de renacimientos superiores: dioses, semi-dioses y hombres; y de renacimientos inferiores: animales, pretas (espíritus frustrados) y mundos infernales. *Cf.* Patrul Rimpoché, *Le Chemin de la Grande Perfection,* Padmakara, 2.ª ed., 1997, capítulo III, pp. 101-145. Los cuatro nacimientos (*caturyoni, skye-gnas bzhi*): los seres dotados de un «cuerpo» pueden nacer de una matriz, como los seres humanos; de un huevo, como las aves; por un milagro, como los dioses; y de la humedad, como ciertos insectos.

3. O, de las enseñanzas del Buda y de los grandes maestros, el «budismo».

4. En concreto en Sarnath.

5. *Pañcabhadraparishadyâ, 'khor lnga-sde bzang-po:* los cinco compañeros de ascesis de Siddharta Gotama, los primeros a los que instruyó y ordenó monjes.

6. O enseñanzas que permiten recorrer la senda, es decir, practicar.

* El sánscrito y el tibetano siempre se presentarán en este orden.

7. En su sentido más propio, discípulos directos de Buda. Además, los místicos que habiendo escuchado las instrucciones de su maestro las ponen en práctica y las dan a conocer a los demás.

8. Los místicos sin maestro que practican en soledad y sin que nadie lo sepa.

9. Místicos que, tras haber pronunciado el voto de la mente de Iluminación suprema, son seguidores de la vacuidad acompañada de la compasión.

10. En este caso tiene el significado de «fórmulas secretas» (*guhyamantra, gsangsngags),* práctica de la unión extraordinaria de los métodos y del conocimiento. *Cf. inf.*

11. Estos «auxiliares» designan las prácticas que conducen a la Iluminación. *Cf.* glosario.

12. O *pâramitâs:* las seis virtudes trascendentes que designan la generosidad, la disciplina, la paciencia, el valor, la concentración y el conocimiento. Estas virtudes son trascendentes en la medida en que el bodhisatva las practica a la luz del conocimiento directo de la vacuidad.

13. El Buda que nació en el clan de los sakias y pertenecía a la casta de los guerreros (*kshatriyas*), se convirtió en el «asceta» (*muni*) más notable de su clan.

14. La actual Bodhgaya, en la India, en el estado del Bihar.

15. La seguna de las cinco sendas graduales de la Iluminación total según el Gran Vehículo. Preparación última para la senda denominada «de la visión», en la que la insustancialidad general es percibida en todo su esplendor.

16. *Vajropamasamâdhi, rdo-rje lta-bu'i ting-nge-'dzin:* indestructible e irresistible como el diamante, este recogimiento pone definitivamente fin a todos los velos e impurezas y, al ser una «senda en la que ya nada es un obstáculo» (*bar-chad med lam*), culmina con la Iluminación del Pequeño o del Gran Vehículo, según la visión adoptada por el practicante.

17. *Nirmânakâya, sprul-sku:* manifestación de la Iluminación destinada a convertir a los seres con un karma todavía impuro. Este cuerpo se denomina «supremo» cuando designa un ser como el Buda o como la reencarnación de un maestro totalmente realizado.

18. Este tema se tratará ampliamente más adelante.

19. Esta inexistencia define la denominada «insustancialidad» o «vacuidad» burda. *Cf. inf.*

20. *Nairâtmya, bdag-med.* La *sustancia* designa aquello que es en sí mismo y por sí mismo. Es *sustancial* aquello que, siendo su propia causa, subsiste independientemente de cualqier otra cosa. Aqüello que no es cau-

sa de sí mismo ni autosuficiente se denomina *insustancial.* Por lo tanto, la palabra *insustancialidad* designa la esencia de todo aquello que no es sustancia en el sentido estrictamente filosófico que acabamos de ver.

21. *Dashabhûmi, sa-bcu:* los niveles espirituales que atraviesan los bodhisatvas en las sendas de la visión y de la meditación hasta alcanzar la auténtica y perfecta Iluminación.

22. Los métodos son las propias virtudes, y el conocimiento designa la pureza o vacuidad del sujeto, del objeto y del beneficiario de tal o cual acto positivo.

23. La profundidad designa la vacuidad y la vastedad, los métodos de la Iluminación adaptados a cada uno.

24. El Buda pronunció tres ciclos de enseñanzas: 1) las cuatro nobles verdades, 2) la vacuidad y 3) la clara luz y los tantras.

25. La *Prajñâpâramitâ* (*shes-rab-kyi pha-rol-tu phyin-pa*) designa el conocimiento directo o «realización» de la vacuidad.

26. *Mahâyâna-Uttaratantra-shâstra* de Asanga. Traducido también como: «Continuo insuperable». *Cf. inf.* y glosario.

27. *Tathâgatagarbha-sûtra.*

28. *Prabhâsvara, 'od-gsal:* la «luminosidad» aparece en los tres ciclos pero sólo se expone exhaustivamente en el tercero. El Pequeño Vehículo la conoce, como lo demuestra esta cita del *Anguttaranikâya* I: «La clara luz es esta mente que a veces puede estar empañada por emociones negativas momentáneas, pero que por otra parte está libre de ellas». *Cf.* Lamote, *L'Enseignement de Vimalakîrti,* Bibliothèque du Muséon, vol. LI, Louvain, 1962, p. 52. El Gran Vehículo de las Trascendencias: «¿La mente? La mente no existe realmente. La mente tiene por esencia la clara luz». Esta declaración aparece desde el principio del *Sutra del Conocimiento trascendente en ocho mil estrofas.*

29. O el conocimiento trascendente bajo su aspecto primordial, tal como lo describen los sutras del tercer ciclo, como el *Sutra del descenso a Lanka* (*Lankâvatârasûtra*): la propia sustancia de las «cualidades» del cuerpo absoluto de la Iluminación, la no-nada de la clara vacuidad.

30. El velo de las emociones negativas y el velo de la ignoracia que empañan la sabiduría primordial.

31. *Shâkyasingha, Shâkya Seng-ge:* nombre del Buda, cuyas enseñanzas, comparadas al rugido del león, «asustan a las ruines bestias herejes».

32. En tibetano *bskal-pa*: era, período cósmico. Un *gran kalpa* corresponde al ciclo de formación, duración y desaparición de un universo. Se divide en 80 *pequeños kalpas.* Los *kalpas intermediarios* se componen de

un pequeño kalpa en el que la duración de la vida aumenta y de un pequeño kalpa en el que ésta disminuye. En cuanto a los *grandes kalpas inmensos,* designan «el tiempo que dura una cantidad "inmensa" (10 elevado a la 59ª potencia) de grandes kalpas». *Cf.* Vasubandhu, *Abhidharmakosha (Tesoro de la Escolástica),* trad. La Vallée Poussin/Lamotte, Bruselas, Insituto belga de estudios superiores chinos, «Mélanges chinois et bouddhiques», vol. XVI, tomo II, p. 188, núm. 1.

33. De méritos y sabiduría.

34. *Pitaka, sde-snod:* viene a significar «biblioteca», es decir, «literatura».

35. Los dos, tres o cuatro cuerpos de Buda se explicarán extensamente más adelante.

36. El Vehículo de las Trascendencias y los vehículos inferiores son «causales»; el Vehículo del Diamante es «resultante», porque su práctica es la actividad misma de la budeidad y no aquello que conduce a ella.

37. *Guhyamantra-vajrayâna, gsang-sngags rdo-rje'i theg-pa.*

38. Aquí, y en el resto del texto, «modo» se interpreta como el sinónimo más frecuente de «manera de ser» o de existir.

39. *Tathatâ, de-bzhin-nyid:* la simplicidad de lo real manifestada con toda claridad.

40. Es el sentido literal de la palabra tibetana *drang-don,* en la que *drang* es el futuro de *'dren,* «guiar, etc.».

41. *Bodhicitta, byang-chub-kyi sems:* la fuerza espiritual que acompaña al voto de alcanzar la Gran Iluminación para el bien de todos los seres animados, así como la práctica de las virtudes trascendentes que conducen a la omnisciencia.

42. El acto bueno produce felicidad; el malo, sufrimiento. El karma no es la causalidad, que pertenece a la naturaleza de las cosas, sino su efecto en relación con la mente: hace más bien referencia a la intención que hay detrás de un acto.

43. La omnisciencia no es un conocimiento enciclopédico, una supermemoria, etc., sino la comprensión de la vacuidad de todas las cosas y el conocimiento de los atributos, o particularidades, de cada cosa.

44. *Bye-brag smra-ba:* seguidores del Pequeño Vehículo que admiten la existencia real de los objetos presentes, pasados y futuros. Este nombre procede de *vibhâshâ,* término sánscrito que designa las primeras enciclopedias del budismo, en las que se encuentra una sistematización y una discusión dialogadas de todos los temas que el Buda trató en los sutras.

45. *mDo-sde-pa:* seguidores del Pequeño Vehículo que, refiriéndose a

los sutras (y no a sus comentarios), admiten la existencia real de la conciencia y de sus objetos.

46. *dbU-ma-pa:* seguidores del Gran Vehículo que admiten la unión de las dos verdades fundamentales más allá de los extremos del eternalismo y del nihilismo.

47. *Sems-tsam-pa:* seguidores del Gran Vehículo para los cuales la mente existe realmente, en cambio sus objetos no son más que fantasmas.

48. Verdaderas para los budistas, pero no necesariamente para los demás.

49. Las que describen la vacuidad universal.

50. En el sentido de «vastas».

51. En el enunciado de las cuatro verdades.

52. Durante el «yoga del cuerpo» de la fase de creación. *Cf. inf.*

53. Es decir, ver el cuerpo del hombre o de la mujer que inspira deseo y apego, no a través de su aparente belleza, sino como un saco de piel relleno de entrañas y elementos repulsivos.

54. O: remedio, aquello que contrarresta, etc.

55. Su verdad absoluta.

56. Qué ética de alguna forma inspira.

57. *Tîrthikas, mu-steg-pa:* los filósofos y místicos que creen en el ser eterno o en la nada

58. En sánscrito, *mâdhyamica* se refiere a la filosofía, y *madhyamaka* a la talidad (*tathatâ*).

59. *kLu-sgrub:* uno de los Seis Ornamentos del Mundo. En la tradición, el gran maestro nació en una familia de brahmanes del sur de la India cuatrocientos años después del *parinirvâna* del Buda Sakiamuni. Siendo todavía adolescente alcanzó el conocimiento perfecto del sentido fundamental de los sutras y los tantras. Fue Saraha, el gran ser realizado, quien le dio los votos de monje en la universidad budista de Nalanda. Autor de innumerables tratados sobre el pensamiento último de Buda, principalmente sobre el verdadero sentido del conocimiento trascendente y del Camino Medio, Nagârjuna, sin embargo, no dejó de lado las ciencias médicas, alquímicas ni políticas. Entre sus numerosos discípulos se incluyen sabios realizados como Aryadeva y Buddhapâlita. Constructor de templos y estupas, por lo visto sus actividades fueron ilimitadas. La tradición asegura que vivió seiscientos años (hasta el siglo V de nuestra era). La escuela ñíngmapa del budismo tibetano afirma que vivió hasta el siglo X.

60. *Sangs-rgyas-bskyangs:* maestro hindú del mâdhyamika. Autor de un importante comentario sobre el *Tratado fundamental* de Nagârjuna, cuyos

argumentos sistematizó y por ello se convirtió en el precursor de la escuela prasángika, cuya filosofía es la más sutil y elevada de las cuatro escuelas de pensamiento budista.

61. *Zla-ba grags-pa:* gran mâdhyamica del siglo VII de nuestra era. Abad o rector de la universidad de Nalanda, se dedicó a elucidar tanto el lenguaje como el sentido del Camino Medio. Retomando las ideas de Buddhapâlita, Chandrakîrti, propiamente hablando, es el fundador de la escuela mâdhyamica-prasángica. Su *Introducción al Camino Medio* (*Madhyamakâvatâra*) muestra la armonía perfecta de las enseñanzas sobre la vacuidad y la clara luz.

62. Los cinco órganos de los sentidos tal como los conocemos, a los cuales se añade el «mental» (*manas, yid*). Cualquier percepción sensorial procede de la reunión de tres fenómenos: el objeto de tal o cual sentido, el órgano que le corresponde y la conciencia que ilumina y conoce la percepción.

63. Visual, auditiva, olfativa, gustativa, táctil y mental.

64. «¿Qué ocurre —se preguntaba Heidegger (por ejemplo)— con el ser de aquello que es?»

65. *Thal-'gyur-pa:* los seguidores del prasanga (*cf. inf.*) constituyen la escuela más elevada y radical del mâdhyamika.

66. *Satyadvaya-vibhâga,* lit. «Distinción de las dos verdades».

67. *Rang-rgyud-pa:* los svâtantrikas que son auténticos mâdhyamicas, admiten la existencia objetiva a nivel de la verdad convencional.

68. *Ye-shes snying-po:* maestro hindú que vivió en los siglos VII-VIII.

69. *Abhisamayâlankâra, mNgon-rtogs rgyan.*

70. *Thogs-med:* uno de los Seis Ornamentos del Mundo. Vivió en el siglo IV de nuestra era. Devoto realizado de Maitreya. Éste le instruyó sobre la realización progresiva del sentido oculto de los sutras del Gran Vehículo, que Asanga transcribió en sus cinco célebres tratados. Está considerado el fundador de la escuela chittamâtra.

71. Las Tres Joyas: el Buda, el Dharma y la Sangha. *Cf. inf.*

72. *Mûla-madhyamaka-vritti Prasannapadâ,* comentario del *Tratado fundamental* de Nagârjuna.

26 de abril, 1997, tarde: conferencia

1. *Byams-pa:* bodhisatva que encarna el amor y la bondad. Por ahora reside en los cielos de Túsita, de los que descenderá para suceder a Sakiamuni y convertirse en el quinto Buda de la Buena Era.

2. *Skandha, phung-po:* los cinco agregados designan en líneas generales el cuerpo (1) y el espíritu (2-5) del individuo. *Cf. inf.*

26 de abril, 1997, tarde: preguntas y respuestas

1. Poco importa el aspecto exterior del maestro, sus palabras cuentan mucho más. No las palabras que pronuncia, sino su sentido; no su sentido provisional, sino su significado último; y el hecho de escucharlo bien no significa hacerlo a través de la conciencia dualista, sino de la omnisciencia y la sabiduría no discursiva.

2. *dbYig-gnyen:* uno de los Seis Ornamentos del Mundo. Hermano de Asanga y autor del *Tesoro de la Escolástica.* Primero fue discípulo del maestro cachemiriano Sanghabhadra, y más tarde abandonó el pensamiento del Pequeño Vehículo para ingresar en la escuela de su hermano. Entre sus discípulos se encuentran el lógico Dingnâga, el escolástico Sthiramati, etc.

3. Colección de sutras, de textos escolásticos (*abhidharma*) y de reglas de disciplina (*vinaya*).

4. *Legs-ldan-'byed:* maestro hindú autor del *Collar de Luz del Conocimiento Trascendente,* en el que expone los argumentos de la escuela mâdhyamika-svâtantrika, de la cual se le considera fundador. *Cf. inf.*

5. *Tarkajvâlâ,* comentario de su obra *Quintaesencia del Camino Medio (Madhyamaka-hridaya).*

6. *'Jam-pa'i dbYangs* o Manjusri (*'Jam-pa'i dPal*), personifica el conocimiento trascendente. Forma parte, junto con Maitreya, etc., de los ocho grandes bodhisatvas que rodeaban al Buda Sakiamuni.

7. *'Khor-ba:* el círculo vicioso de muertes y renacimientos. Y *mya-ngan-las 'das-pa:* lo que está más allá del sufrimiento.

8. *Moksha, thar-pa:* liberación del sufrimiento causado por la ignorancia primordial. *Cf. inf.*

9. El «vacío» en el sentido metafísico y místico.

10. Su Santidad prosiguió la mañana del día siguiente, después de la conferencia y antes de las preguntas y respuestas, explicando los cuatro criterios de verdad o de «verdadero conocimiento» (*pramâna, tshad ma*), definidos por los sakiapas en su sistema «del Camino y el Fruto» (*lam 'bras*).

27 de abril, 1997, mañana: conferencia

1. La no-violencia (*ahimsâ, mi-'tshe-ba*) se practica en el vegetarianismo, etc. La producción interdependiente (*pratîtyasamutpâda, rten'byung*) es otro nombre de la vacuidad.

2. *Manovijñâna.*

3. Chittamâtrins.

4. *Âlayavijñâna.*

5. *Klishta-manovijñâna.*

6. Tib. *tshogs-brgyad:* las cinco conciencias sensoriales, a las que se añaden la conciencia mental, la conciencia mental empañada por las emociones negativas y la conciencia fundamental.

7. *Vajrâvalî.*

8. Tib. *gSang-ba 'dus-pa:* uno de los tantras «padres» de los Tantras Más Elevados.

9. *Pudgala,* sinónimo de sí «mismo».

10. *Cf.* «29 de abril, 1997, mañana, conferencia», núm. 12, sobre el séptuplo razonamiento.

11. *Upâdâna, nye-bar len-pa:* elemento de la producción interdependiente que perpetúa nuestro continuo psíquico de manera ininterrumpida y nos obliga a creer que para nosotros es lo mejor que hay.

12. Se observará, por ejemplo, el poder de la designación «año 2000», que a pesar de su absoluta relatividad, despierta en una gran mayoría la emoción milenarista.

13. Literalmente «Tantras del Yoga Más Elevado», *Anuttara-yoga-tantra (bla-na med-pa'i rnal-'byor-gyi rgyud).* Las prácticas de los tantras se dividen en: 1) *kriyâ,* que enfatiza las actividades rituales; 2) *caryâ,* en el que estas actividades se combinan con el estado natural de la deidad; 3) *yoga,* en el que este estado natural se comparte con la deidad, y 4) *anuttara* («más elevado»), en el que el estado natural de la deidad y el del adepto no han sido nunca dos cosas distintas. El *anuttara* se divide en padre, madre y en ni padre ni madre, es decir, en *mahâ,* que destaca la fase de creación (*q.v.*); *anu,* que destaca la fase de perfección (*q.v.*); y *ati,* o «Gran Perfección» (*rdzogs-pa chen-po).*

14. *Cf.* Lati Rimpoché y J. Hopkins, *La Mort, l'état intermédiaire et la renaissance dans le bouddhisme tibétain,* ed. Dharma, 1980, pp. 44-46; Patrul Rimpoché, *op. cit.,* pp. 416-417.

15. *Vâsanâ, bag-chags.*

16. Tib. *gsal-tsam rig-tsam.*

17. Constituye el propio objeto de la distinción en samsara y nirvana. *Cf.* el «Exordio» del *Precioso Ornamento de la Liberación* de Gampopa.

18. Tib. *gsog-pa:* «registrar» en lugar del usual «acumular», porque hay actos que no quedan registrados (*byas-la ma-bsags-pa*) y no tendrán más adelante ningún efecto.

19. El *Abhidharmakosha* de Vasubandhu. *Cf. sup.,* núm. 32.

20. *Madhyamakâvatâra de* Chandrakîrti, que viene a constituir el umbral del *Tratado fundamental* de Nagârjuna.

21. Tib. *nam mkha'i rdul, cf. inf.*

22. Un universo no puede surgir espontáneamente, por lo que su causa deberá buscarse en el universo precedente.

23. Que constituyen la «materia».

24. O: lo real (*dharmatâ, chos-nyid*).

25. *Shûnyatâ-saptati-kârikâ.*

26. El Buda Sakiamuni.

27. De la producción interdependiente: ignorancia, composición kármica, conciencia, nombre y forma, fuentes de percepción, contacto, sensaciones, «sed», apropiación, devenir, nacimiento, vejez y muerte.

28. Lalande explica en su diccionario filosófico que el realismo ingenuo es «una creencia de sentido común que admite, sin crítica, la existencia de un mundo de objetos materiales y de sujetos conscientes, con los cuales el conocimiento mantiene una relación mal definida, concebida como la captación directa de las cosas o los seres distintos del sujeto, o como una relación análoga al de un retrato y su modelo».

29. Una de las cuatro grandes escuelas de práctica del budismo tibetano.

30. Los dos criterios *universales* de verdadero conocimiento siguen siendo la percepción sensorial directa y el razonamiento deductivo.

31. Por supuesto según los budistas sakiapas

32. La práctica comienza por la comprensión intelectual (*go-ba*), se profundiza en la experiencia meditativa (*nyams-myong*) de la felicidad, de la claridad y/o del no-pensamiento; se estabiliza en la realización (*rtogs-pa*) y culmina en la liberación (*grol-ba*).

33. *Santäna, rgyud:* el cuerpo y el espíritu están formados por partícu las materiales y por instantes de conciencia, cuya combinación y sucesión ininterrumpidas forman un conjunto, que al igual que un río, parece constituir una unidad que creemos real o sustancial, ya que así es como se presenta al observarla de forma superficial.

34. *Abhisheka, dbang-bskur,* que revela la perfección del cuerpo, palabra, mente, cualidades y actividades. Por lo tanto, las «manifestaciones de sabiduría» designan todas las experiencias y realizaciones posibles.

35. El nombre de Buda fue Gotama Siddharta.

36. *Dharma (chos)* designa tanto las enseñanzas como las realidades, o fenómenos.

37. Extremistas, es decir, se basan en el carácter absoluto del ser o en la nada.

27 de abril, 1997, mañana: preguntas y respuestas

1. Su Santidad emplea en este caso la expresión inglesa *individual identity.*

2. Lit. «maduración» (*vipâka, rnam-smin*).

3. *bLo-sbyong:* prácticas del intercambio, de la igualdad, etc. *Cf.* «27 de abril, 1997, tarde, preguntas y respuestas», núm. 12.

4. *Bodhicaryâvatâra, Byang-chub sems-dpa'i spyod-pa-la 'jug-pa:* obra mayor de Santideva. El más gran poema mâdhyamika-prasángika. Traducción francesa, Padmakara, 2.ª ed., 1992. O también: *Vivre en héros pour l'Eveil,* trad. G. Driessens, Points-Sagesse, París, Seuil, 1993.

5. *Shamatha,* «calma mental», práctica de la concentración.

6. La «confesión» se funda en cuatro recursos: el apoyo, el arrepentimiento, la resolución y la conducta. *Cf.* Patrul R., *op. cit.,* cap. III.

27 de abril, 1997, tarde: conferencia

1. *Vâsanâ, bag-chags* también podría traducirse como «esquema habitual».

2. Para comprender la diferencia esencial entre el yo filosófico o el «sí mismo conceptual» y el sentimiento de yo o «sí mismo innato», *cf. Comprendre la vacuité,* Padmakara, 1993, pp. 45-55 y 163-176.

3. En sánscrito, *antarâbhava.*

4. *Cf.* Patrul R., *op. cit.,* «La transferencia», pp. 415-416; Lati R. y Hopkins, *op. cit.,* «Las etapas de la muerte», p. 33 y ss.; y además las distintas traducciones del «Libro de los muertos» (*Bar-do thos-grol*).

5. Es decir, la apariencia, el crecimiento, la próxima obtención y la clara luz, experiencias descritas por Lati R. y Hopkins, *op. cit.,* pp. 43-54; y bajo los nombre de «claridad», «crecimiento», «obtención» y «clara luz del instante fundamental» por Patrul R., *op. cit.,* pp. 416-417.

6. Uno de los tutores de Su Santidad.

7. Sede del gobierno tibetano en el exilio, en el valle de Kangra, Himachal Pradesh, India.

8. El cuerpo y la conciencia vinculados a ese cuerpo.

9. Éste tiene dos efectos en relación con su causa, uno activo y otro pasivo. *Cf.* Patrul R., *op. cit.,* p. 157 y ss.

10. *Abhidharma-samuccaya* de Asanga.

11. Son tres de las enseñanzas de Naropa. Las tres restantes son el calor interior, el cuerpo ilusorio y la transferencia de la conciencia. *Cf.* Chögyam Trungpa, *Jeu d'illusion, vie et enseignement de Naropa,* Points-Sagesse, París, Seuil, 1997.

12. «Concebidos por fecundación *in vitro.*»
13. Empezando por la oveja Dolly.
14. De la clonación.
15. *Âyushmân-Nanda-Garbhâvakrânti-nirdesha.*
16. *Prajñâ-nâma Mûlamâdhyamikakârikâ,* XVIII, 5.
17. «*Karma-klesha-kshayân mokshas karma-kleshâ vikalpatah te prapañcât...*»
18. «... *prapañcas tu shûnyatâyâm nirudhyate.*»
19. *Shûnyatâyâm,* locativo de *shûnyatâ.*
20. O sustancialismo, que adjudica el ser absoluto a ciertos objetos.
21. *Cf.* J. Hopkins, *Meditation on Emptiness,* Wisdom, Londres, pp. 96-97.

27 de abril, 1997, tarde: preguntas y respuestas

1. «Tomar refugio», o «refugiarse» en las Tres Joyas.
2. Si las cosas son (inter)dependientes, no existen en «sí mismas» y, por tanto, son vacías.
3. Como en cierto tipo de budismo en Occidente. Se observará que, en este planeta, la mayoría de creyentes admiten la multiplicidad de vidas de un mismo individuo.
4. Ya que muestra la esencia real del objeto analizado.
5. Por supuesto, no sólo visualmente. En tibetano, y en el fondo, «apariencia» (*snang-ba*) es sinónimo de «percepción», «objeto percibido».
6. *Vastusamgraha,* en tibetano *gZhi bsdu ba.*
7. *Bhûmivastu,* también llamadas *Bodhisattvabhûmi.*
8. Si existiera realmente sería inmutable, pero nunca se ha visto un fenómeno que no cambie jamás.
9. *Prajñâpâramitâ-hridaya,* conocido en Occidente con el nombre de *Sutra del Corazón.*
10. El agregado de la «forma» designa en este caso la materia, y no sólo los objetos de la visión. Los otros cuatro agregados también son vacíos.
11. Ya que el sufrimiento es la «retribución» de los actos negativos, al experimentarlo estos actos se agotan.
12. El intercambio de uno mismo y de los demás. *Cf.* Dilgo Khyentsé, *Audace y compasión,* Padmakara, 1993, p. 31 y ss.; Chögyam Trungpa, *L'Entraînement de l'esprit et l'apprentissage de la bienveillance,* «Points-Sagesse», París, Seuil, 1998.
13. A través de la práctica del *tonglen,* literalmente «dar y tomar»: dar

la felicidad de uno a los demás y tomar sus desdichas. *Cf. Audace et compassion, op. cit.,* p. 38 y ss.

14. V. 13.

15. *Marche vers l'Eveil,* V. 12.

28 de abril, 1997, mañana: conferencia

1. *Nges-pa lnga:* los cinco atributos definitivos del cuerpo de gozo. El lugar, la tierra pura más elevada. El cuerpo, dotado de 32 marcas mayores y de 80 menores. La certeza temporal: el cuerpo de gozo durará mientras haya seres por salvar. Su enseñanza es sin duda el Gran Vehículo. Y, por último, su círculo y su auditorio están por fuerza constituidos por los sublimes bodhisatvas.

2. *Bhadrakalpa, bskal-pa bzang-po.*

3. Las Tres Raíces son los maestros espirituales, raíces de las bendiciones; las deidades yidam, raíces de los logros; y las dakinis, raíces de las actividades y de la fecilidad suprema.

4. La escuela *takloung* (de la valle del Tigre, al norte de Lhassa) es una tradición kaguiu que procede de Takloung Thangpa Trashi Pal, el discípulo más servicial de Phagmo Droupa. En 1276, Sangyé Ön, discípulo de Takloung Thangpa, fundó en Kham el gran monasterio de Riwoché. Shapdroung Rimpoché, que ha abandonado recientemente este mundo, era un eminente representante de esta tradición.

5. Dilgo Khyentsé Rimpoché (1910-1990), encarnación de Jamyang Khyentsé Wangpo, fue un gran promotor del ecumenismo, incluso del conocimiento de todas las tradiciones de budismo tibetano. Khyentsé Rimpoché fue unos de los maestros de Su Santidad y de otros numerosos lamas. Revelador de Tesoros (*termas*) y sabio poeta iluminado de nuestra época, estudió con ciento veinte maestros distintos; pasó veinte años meditando en las elevadas soledades tibetanas y dedicó el resto de su vida a enseñar sin descanso, también en Occidente.

6. *Cf.* Gampopa, *Ornement de la Libération*, cap., II.

7. De los Oyentes, de los Iluminados solitarios y del Gran Vehículo.

8. Sólo tienen en cuenta la tesis central de algunos sutras del Gran Vehículo, como el *Saddharmapundarîka. Cf. Le Sûtra du Lotus,* Fayard, París, «El espacio interior», 1997.

9. *Catuhshataka-shâstra-kârikâ,* en el que se describen los yogas del bodhisatva.

10. *'Phags-pa Lha:* siglo III. El discípulo más famoso de Nagârjuna, del

que comentó el pensamiento en numerosos tratados en los que Chandrakîrti reconocerá la verdadera intención del maestro conservada en la tradición prasángika.

11. En el mundo de los animales, de los pretas y en los infiernos.

12. *Bodhipathapradîpa.*

13. Gran maestro y erudito hindú (982-1054) que enseñó en la universidad budista de Vikramashîla. Seguidor de la vida monástica, fue hasta Indonesia para recibir de Suvarnadvîpa las enseñanzas sobre la mente de Iluminación (*bodhicitta*). Dedicó los doce últimos años de su vida en el Tíbet a la enseñanza y la traducción. Sus discípulos tibetanos fundaron la escuela kadampa.

14. O del estudio.

15. Sobre este «indudable descubrimiento».

16. En tibetano *thal 'gyur,* literalmente «Habrá (ía) un error». Forma de razonamiento que consiste en retomar las tesis extremistas y desarrollarlas con toda lógica hasta sus consecuencias, las cuales se revelan siempre absurdas.

17. *Phyogs-kyi gLang-po:* (nació antes del siglo VI). Uno de los Seis Ornamentos del Mundo, encarna la perfección de la lógica y de la gnoseología (*tshad-ma rig-pa*). Hijo de un rajá, estudió con Vasubandhu. Es el fundador de la tradición gnoseológica budista.

18. *Chos-grags:* siglo VI. Uno de los Seis Ornamentos del Mundo. Oriundo de la India del sur (Kanci). Instruido por Ishvarasena, que era un discípulo de Dingnâga, comentó extensamente la obra de éste.

19. En tibetano *don spyod pa* y *don mthun pa.*

20. O «amigo de bien», sinónimo de maestro espiritual.

21. De Ashavaghosha, autor de los *Buddhacâritâ* y «contemporáneo» de Nagârjuna.

22. *Guruyoga, bla ma'i rnal 'byor.*

23. Se dividen en tres actos negativos o perjudiciales relacionados con el cuerpo: matar, robar y la conducta sexual errónea; cuatro actos vinculados con la palabra: mentir, calumniar, pronunciar palabras violentas y las conversaciones banales; y tres actos relacionados con la mente: la codicia, la malevolencia y las opiniones erróneas. *Cf.* Patrul R., *op. cit.,* pp. 145-157.

24. *Cf.* «El karma o la causalidad de los actos», Patrul R., *op. cit.,* cap. IV. Se trata de la cuarta serie de meditaciones que tiene por objeto «alejar la mente del samsara» (*blo-ldog rnam-bzhi*).

25. Tercera serie de meditaciones sobre los diferentes sufrimientos del samsara. *Cf.* Patrul R., «Los males del samsara», cap. III.

26. Segunda serie de meditaciones sobre «La impermanencia de la vida», Patrul R., cap. II.

27. Primera serie de meditaciones sobre «La dificultad de obtener las libertades y las riquezas» del hombre o la mujer cuya vida o existencia merece ser calificada de «preciosa». *Cf.* Patrul R., *op. cit.,* cap. I, p. 57 y ss.

28 de abril, 1997, mañana: preguntas y respuestas

1. O su «expulsión». *Cf.* Patrul R., *op. cit.,* p. 415 y todo el capítulo dedicado a este tema.

2. *Kun-tu bZang-po,* «La Perfección de Siempre» que revela la pureza primordial de todos los fenómenos.

3. Su Santidad emplea la palabra inglesa *self-creation.*

4. Tib. *Lhan cig dmigs nges.*

5. Las ochenta principales cualidades físicas del Gran Ser, a las que se añaden treinta y dos marcas «menores».

6. *sGrol-ma:* la «Liberadora», buda femenino denominado de ese modo por su presteza en salvar a los seres de cualquier miedo. La tradición le otorga 21 aspectos, según sus actividades, su color, sus atributos, etc. Hay varios libros dedicados a ella: Bokar Rimpotché, *Tara, le divin au féminin,* Vernègues (13), Claire Lumière, 1997. Y Lama Thubten Yeshe, *Tara, la energía femenina que libera,* Dharma, 1993.

7. Cuando hizo el voto de alcanzar la omnisciente budeidad para el bien de todos los seres.

28 de abril, 1997, tarde: conferencia

1. Los Nirgranthas, discípulos de Parshva, que admitían la causalidad kármica, los cuales no deben confundirse con los Jainas Vestidos de Aire (Digámbaras).

2. *Shamatha.*

3. *Vipâshyanâ.*

4. Más exactamente «atención-memoria» (*smriti, dran-pa*).

5. *Prâtimoksha, so-thar,* que siguen los adeptos del Pequeño Vehículo.

6. O: «penetrante».

7. *Prashrabdhi, shin tu sbyangs pa:* paz y liviandad del cuerpo y de la mente que disuelven todas las resistencias a la realización del bien.

8. Expresión genérica que designa el mundo del Deseo, o primer nivel; el mundo de la Forma, que se divide en cuatro niveles, del primero al cuarto dhyâna; y el mundo Sin Forma, que se divide en cuatro niveles: el

espacio infinito, la conciencia infinita, la nada y la esfera de lo no consciente ni inconsciente, denominada también «cima del devenir».

9. En tibetano: *nyer bsdogs mi lcog med.* Las cuatro concentraciones se dividen a su vez en nueve niveles (tib. *bsam gtan sa dgu*): 1) preparación a la primera concentración en la que no hay nada que no se pueda; 2) primera concentración simple; 3) primera concentración especial; 4) preparación a la segunda concentración; 5) segunda concentración; 6) preparación a la tercera concentración; 7) tercera concentración; 8) preparación a la cuarta concentración; 9) cuarta concentración.

10. En esta concentración preparatoria es posible rechazar todas las emociones negativas burdas del mundo del Deseo para entrar en el mundo de la Forma, y después en el mundo Sin Forma, que constituyen los «mundos superiores».

11. *Yid la byed pa drug:* las seis formas de atención. El factor mental de la atención, o actividad mental, designa la mente firmemente concentrada en su objeto. Las seis formas de atención son las siguientes: 1) la atención dirigida a alcanzar la correcta comprensión del carácter de los mundos superiores e inferiores; 2) la atención dirigida a saber apreciar las cualidades de los mundos superiores, que profundiza la atención anterior en la quietud y la visión superior; 3) la atención dirigida a rechazar las emociones negativas, que permite eliminar los tres grados más evidentes de las emociones negativas del mundo del Deseo; 4) la atención dirigida a la acumulación de la alegría que, iluminada por una felicidad de inferior clase, disuelve las emociones negativas del mundo del Deseo del nivel intermediario; 5) la atención dedicada por entero a examinar la mente, para reconocer las emociones negativas sutiles y, al hacerlo, poder eliminarlas; 6) la atención dirigida a tomar las contramedidas: la aplicación de los antídotos.

12. Así pues, se distingue la concentración como causa (su propia práctica) y la concentración como efecto, que es una de las cuatro esferas del mundo Sin Forma.

13. *Cf. supra* núm. 8.

14. Que Su Santidad no nombra, y que representan los agregados y todas las categorías de la escolástica desarrolladas en la literatura del *Abhidharma.*

15. Es decir, la talidad (*tathatâ*), o vacuidad, que impregna todos los fenómenos.

16. Lit. «en diamante o en medio diamante», es decir, con las piernas cruzadas y los dos pies apoyados sobre el regazo.

17. O *Atiyoga,* «Gran Perfección», el más elevado de todos los vehículos de Iluminación en el sistema ñíngmapa.

18. *rLung-ro,* o «aires residuales».

19. Gran erudito hindú y yogui realizado (1016-1100), discípulo de Tilopa y maestro de Marpa el Traductor. Sus «seis yogas» tratan sobre el bardo, la clara luz, el cuerpo ilusorio, el sueño, la transferencia de la conciencia y el calor interior. *Cf.* C. Trungpa, *Jeu d'illusion, op. cit.*

20. Tib. *rtsa-gsum 'khor-lo lnga:* los dos canales laterales y los cinco chakras.

21. Por ejemplo, los chakras.

22. Intervienen seis «fuerzas» que ayudarán a la mente a sosegarse: el estudio o la escucha ayudan a sosegar la mente; la reflexión, a sosegarla de forma duradera; la atencion-memoria, a sosegarla de nuevo y a sosegarla a la perfección; la vigilancia, a domarla y serenarla; el coraje, a serenarla perfectamente y hacer que se concentre en un único punto; y la familiaridad, a mantenerla de ese modo hasta que alcance el estado conocido en tibetano con el nombre de *mnyam-bzhag.* Las dos primeras estaciones de la mente constituyen un proceso forzado; las estaciones 3 a la 7, un proceso interrumpido; la penúltima, un proceso ininterrumpido; y la última designa el estado de recogimiento profundo.

23. *Cf.* la nota anterior.

24. Tib. *gnas-ngan-len,* lo contrario de la flexibilidad (*shin-sbyangs*).

25. Tib. *ting-nge-'dzin:* recogimiento profundo de la mente.

26. Tib. *mtshan-bcas-kyi rnal-'byor:* el meditador se visualiza como su deidad tutelar pero no se considera como su igual en lo tocante a la sabiduría: el absoluto es todavía un ideal por alcanzar.

27. Tib. *mtshan-med-kyi rnal-'byor:* meditación sobre la mente de Iluminación absoluta, la vacuidad, como un estado en que el adepto entra, permanece o del que sale.

28. Tib. *bskyed-rim:* para disolver las huellas kármicas dejadas por las cuatro clases de nacimiento, el practicante se adiestra en reconocer en su cuerpo, su palabra y su mente ordinarios el cuerpo, la palabra y la mente iluminada de su deidad tutelar.

29. La comprensión de la filosofía mâdhyamica-prasángika.

30. Es decir, hasta percibirla como una fantasmagoría, un sueño, etc.

31. En tal caso, ¿por qué perpetuar el sufrimiento?

28 de abril, 1997, tarde: preguntas y respuestas

1. *Mâdhyântavibhâga,* de Asanga.

2. Tib. *rdzogs-rim:* prácticas especiales del conocimiento trascendente que permiten actualizar la clara luz a través de la experiencia de los cuatro vacíos-conciencias (*cf. supra*) una vez que, en el cuerpo adamantino del practicante, los canales, los aires y las gotas quintaesenciales son lo suficientemente puros. Esta experiencia de la clara luz es inseparable de la sabiduría innata inducida por los cuatro gozos asociados al calor interior.

3. Gran maestro ñíngmapa (1308-1363), autor prolífico sobre la universalidad de la Gran Perfección (*Atiyoga*), cuya vida, etc., puede leerse en la obra sobre Longchenpa, *La Liberté naturelle de l'esprit (Rang-grol skor-gsum),* traducción y presentación de Ph. Cornu, «Points-Sagesse», París, Seuil, 1994, pp. 57-68. El *Tesoro de la Joya Mágica* (tib. *Yid-bzhin rin-po-che'i mdzod*) es uno de sus «Siete Tesoros», o tratados perfectos que revelan la omnipresencia de la Gran Perfección en todas las enseñanzas del Buda.

4. *Kâlacakra-tantra, Dus kyi 'khor-lo:* El Tantra Más Elevado, denominado de ese modo porque sus fases exterior, interior y «otra» se relacionan con todos los sistemas posibles que comprenden la base, el camino y el fruto.

5. Que consituyen el cuerpo: tierra, agua, fuego, aire y espacio.

6. Gran erudito y maestro ñíngmapa (1846-1912) que se dedicó con el mismo talento tanto a las artes «vulgares» de la gramática, la lógica, la medicina, la astrología, etc., como a las ciencias místicas del espíritu (comentó una infinidad de sutras y tantras), a la grandeza de la poesía de la Iluminación, a los tratados más arduos, a los métodos para alcanzar el estado de las deidades (*sâdhanâs*) y a los rituales. Sus obras ocupan treinta y dos volúmenes.

7. O «formaciones kármicas» (tib. *'du-byed*). He elegido la palabra «composiciones» para mostrar que este agregado físico es el elemento motor que produce los conceptos y comportamientos asociados a los fenómenos compuestos (tib. *'dus-byas*).

29 de abril, 1997, mañana: conferencia

1. El vencedor de la ignorancia y del sufrimiento no es otro que el Buda.

2. Una cosa puede nacer: 1) de ella misma; 2) de otra; 3) de ella y de otra, o 4) ni de ella misma ni de otra.

3. Ningún «juicio sobre la realidad» ha podido nunca delimitar definitivamente lo real.

4. *Ratnâvalî,* consejos de Nagârjuna a su amigo, el rey Udayana de Vatsa.

5. Son el cuerpo y los «estados» de la mente.

6. IX, 25.

7. Independiente de todo conocimiento o idea que los seres pensantes puedan tener.

8. Como la cólera, los arrebatos, etc.

9. Como si fuera una parte integrante, por ejemplo, de la aparienca física de Matthieu.

10. Y por ello su filosofía es la más adecuada para comprender y explicar las prácticas extraordinarias del Vehículo de los Tantras.

11. La «materia primordial» (*gtso-bo*) o «naturaleza» (*prakriti, rang-bzhin*) está constituida por tres cualidades (*guna*) cuya combinación forma todos los objetos: así pues, es al mismo tiempo causa y efecto. *Cf.* Khenchen Kunzang Palden, «La Ambrosía de las palabras de Manjusri», *Comprendre la vacuité, op. cit.*, pp. 81-84.

12. De Chandrakîrti: «Yo» no existo realmente porque: 1) no soy mis agregados (mi cuerpo y mi espíritu); 2) no soy más que mis agregados; 3) no soy la base de mis agregados; 4) mi base real no son los agregados; 5) no soy el verdadero propietario de mis agregados; 6) no soy sólo el simple conjunto de mis agregados; 7) no soy la forma de mis agregados. *Cf.* Hopkins, *Meditation on Emptiness, op. cit.*, p. 48.

13. Acreditativa.

29 de abril, 1997, mañana: preguntas y respuestas

1. En inglés, *bias*.

2. La palabra tibetana *gdung-ma* significa literalmente «viga» y en este caso designa el punto de inicio de la senda.

29 de abril, 1997, tarde: conferencia

1. La mente de Iluminación es votiva en tanto constituya el anhelo de alcanzar la omnisciencia para el bien de todos los seres; es activa cuando el bodhisatva practica las virtudes trascendentes. Así pues, el voto de la mente de Iluminación es la promesa de practicar, con el objetivo de alcanzar la omnisciencia, las virtudes trascendentes.

2. VIII, 95-96.

3. VI, 113.

4. Literalmente, en el «refugio-fruto».

5. X, 55.

Léxico español-tibetano

Acto: *las*
Acto cuya experiencia es cierta: *myong bar nges pa'i las*
Acto cuya experiencia es incierta: *myong bar ma nges pa'i las*
Acto realizado no registrado: *byas la ma bsags pa'i las*
Acto realizado registrado: *byas la bsags pa'i las*
Antídoto: *gnyen po*
Apego (*aferramiento*): *chags pa; 'dzin pa. Cf.* captar, fijación, creencia, aprehender
Atención: *dran pa*
Atributo (esencial): *mtshan nyid*
Base de designación: *gdags gzhi*
Bodhisatva: *byang chub sems dpa'*
Buena Era: *bskal pa bzang po, bskal bzang*
Burdo: *rags pa*
Camino Medio: *dbu ma*
Causa de bien: *dge ba'i rtsa ba, dge rtsa*
Causa efectiva: *nyer len gyi rgyu*
Ciclo místico: *chos skor* Clara luz: *'od gsal*
Clara luz originaria innata: *gnyug ma lhan cig skyes pa'i 'od gsal*
Comunidad de aprendices: *slob pa'i dge 'dun*
Comunidad de los que ya no son aprendices: *mi slob pa'i dge 'dun*
Concentración serena: *zhi gnas rtse gcig pa*

Concepción falsa: *sgro 'dogs*
Concepto erróneo: *log rtog*
Conciencia: *shes pa; blo; rnam shes*
Conciencia distorsionada: *phyin ci log pa'i blo*
Conciencia fundamental: *kun gzhi'i rnam par shes pa*
Conciencia mental: *yid kyi rnam par shes pa, yid shes*
Conciencia mental emocional: *nyon mongs pa'i yid kyi rnam par shes pa, nyon yid*
Concomitante: *mtshungs ldan*
Configuraciones del cuerpo formal: *gzugs sku'i bkod pa*
Confusión: *rmongs pa*
Conocimiento: *shes rab*
Conocimiento directo de la vacuidad: *stong nyid rtogs pa'i shes rab*
Conocimiento nacido de la escucha: *thos byung gi shes rab*
Conocimiento nacido de la meditación: *sgom byung gi shes rab*
Conocimiento nacido de la reflexión: *bsam byung gi shes rab*
Conocimiento supranormal: *mngon shes*
Conocimiento verdadero: *tshad ma*
Continuidad: *rgyun*
Continuo (psíquico): *rgyud*
Creación: *gsar du skyes pa*
Creación condicionada: *rkyen gyis gsar du bsgrubs/skyes pa*
Creencia en la personalidad: *'jig tshogs kyi lta ba, 'jig lta*
Criterio de verdad, o de verdadero conocimiento: *tshad ma*
Cuatro alternativas: *mtha' bzhi; mu bzhi*
Cuatro atractivos: *bsdu ba rnam pa bzhi/dngos po bzhi*
Cuatro temas que alejan la mente del samsara: *blo ldog rnam bzhi*
Cuerpo absoluto: *chos kyi sku*
Cuerpo absoluto de sabiduría: *ye shes chos sku*
Cuerpo absoluto para el propio bien: *rang don chos kyi sku*
Cuerpo de aparición: *sprul pa'i sku*
Cuerpo de gozo: *longs spyod rdzogs pa'i sku*

Cuerpo esencial: *ngo bo nyid kyi sku*
Cuerpo formal: *gzugs kyi sku*
Cuerpo formal para el bien de los demás: *gzhan don gzugs kyi sku*
Chittamâtrin: *sems tsam pa*
Defecto: *skyon*
Designación conceptual: *rtog pas btags pa*
Designación dependiente: *brten nas btags pa*
Desviación: *gol sa*
Diez actos no virtuosos: *mi dge ba bcu po*
Diez actos virtuosos: *dge ba bcu po*
Dimensión absoluta, o de lo real: *chos kyi dbyings*
Disciplina: *tshul khrims*
Dispersión: *'phro rgod*
Elemento (constituyente de la materia): *'byung ba*
Emancipación: *bral ba*
Embotamiento: *rmug pa*
Emoción negativa: *nyon mongs pa*
En sí mismo: *rang ngos nas; rang chas su; rang bzhin gyis*
Error: *'khrul pa*
Esencia: *bdag nyid, ngo bo (nyid), rang bzhin, mtshan nyid*
Esquema habitual: *bag chags*
Evento mental: *rnam rtog 'char sgo*
Existencia concreta: *rdzas yod*
Existencia nominal: *btags yod*
Existencia objetiva: *yul steng nas yod pa*
Existir: *yod pa*
Existir realmente, o en sí mismo: *rang bzhin gyis yod pa*
Extremo: *mtha'*
Familia (de seres): *rigs*
Fase de creación: *bskyed rim*
Fase de perfección: *rdzogs rim*
Flexibilidad: *'shin tu sbyangs pa, shin sbyangs*

Generar la mente de Iluminación: *byang chub kyi sems skyed pa, sems bskyed*
Habituación efectiva: *goms pa mngon du gyur pa*
Ignorancia: *ma rig pa*
Inconveniente: *nyes dmigs*
Instrucciones de práctica: *nyams khrid*
Instrucciones explicativas: *bshad khrid*
Instrucciones sobre la experiencia: *myong khrid*
Insustancialidad: *bdag med*
Interés: *bag yod*
Invención conceptual: *rnam rtog gis bcos (bzhag) pa, blos bcos*
Irrealidad del sí mismo individual: *gang zag gi bdag med*
Liberación: *thar pa*
Liberación individual: *so sor thar pa, so thar*
Libertad: *grol ba*
Libertades y riquezas: *dal 'byor*
Lógica: *rigs pa*
Manifestación (primaria): *sprul pa*
Manifestación secundaria: *yang sprul*
Material: *thogs bcas*
Meditación analítica: *dpyad bsgom*
Meditación contemplativa: *'jog bsgom*
Mente de Iluminación: *byang chub kyi sems, byang sems*
Mente de Iluminación activa: *'jug pa'i byang chub kyi sems*
Mente de Iluminación votiva: *smon pa'i byang chub kyi sems*
Modo real: *gnas lugs; gnas tshul*
Momentáneo: *blo bur ba*
Monólogo interior: *rnam rtog*
Muy sutil: *shin tu phra ba, ches phra*
Naturaleza de las cosas: *chos nyid*
Necesario, necesidad: *dgos pa*
Neutro: *lung ma bstan*

Nirvana sin restos: *lhag med kyi myang 'das*
No meritorio: *bsod nams min pa*
Objetivo: *yul steng*
Objeto (captado por el sujeto): *(bzung ba'i) yul*
Objeto (de análisis): *gzhi*
Objeto denominado: *btags chos*
Objeto refutado: *dgag bya*
Omnisciencia: *rnam mkhyen, kun mkhyen*
Originaria: *gnyug ma*
Paciencia: *bzod pa*
Pensamiento discursivo: *kun rtog*
Poder mágico: *rdzu 'phrul*
Potencial de buda: *bde gshegs snying po*
Prasanga: *thal 'gyur*
Prasángika: *thal 'gyur pa*
Problema: *skyon*
Proceso de disolución: *thim rim*
Punto de vista del sí mismo: *bdag tu lta ba*
Pura abstracción: *dngos min*
Puro conocimiento y pura claridad: *gsal tsam rig tsam*
Puro despertar: *rig pa*
Quietud: *zhig gnas*
Razón que analiza lo último: *mthar thug dpyod pa'i rigs shes*
Razonamiento: *rigs pa; rgyu mtshan; gtan tshigs*
Real: *chos nyid*
Realidad independiente: *rang mtshan*
Realismo (ingenuo): *bden 'dzin*
Realización: *rtogs pa; mngon gyur; khong du chud pa; chub pa*
Recogimiento: *ting nge 'dzin*
Referente: *gdag gzhi*
Refugio: *shyabs gnas*
Refugio-fruto: *'bras skyabs*

Sabiduría: *ye shes*
Senda: *lam*
Senda sin obstáculo de la senda de la visión: *mthong lam bar chad med lam*
Sentido común: *'jig rten grags pa*
Sentido definitivo: *nges don*
Sentido provisional: *drang don*
Ser animado: *sems can*
Sí mismo: *bdag*
Simple (sentimiento del) yo: *nga tsam*
Soporte de concentración: *dmigs rten*
Sublime: *'phags pa*
Sujeto (captando el objeto): *('dzin pa'i) yul can*
Sustancialidad: *bdag; rang bzhin*
Sustancialismo: *bdag 'dzin*
Sustrato (de cualidades): *mtshan gzhi*
Sutil: *phra ba*
Svâtantrika: *rang rgyud pa*
Talidad: *de bzhin nyid*
Tendencia: *bag chags*
Terminación concreta: *zhig pa dngos po*
Torpor: *bying ba*
Transferencia: *'pho ba*
Tres Joyas: *dkon mchog gsum*
Tres Raíces: *rtsa gsum*
Tres Refugios: *skyabs gsum*
Triple adiestramiento: *bslab pa gsum*
Vaibhâsika: *bye brag tu smra ba, bye smra*
Vehículo Adamantino de las Fórmulas Secretas: *gsang sngags rdo rje'i theg pa*
Velo cognitivo: *she bya'i sgrib pa, shes sgrib*
Velo emocional: *nyon mongs pa'i sgrib pa, nyon sgrib*

Verdad absoluta: *don dam bden pa*
Verdad de la senda: *lam gyi bden pa, lam bden*
Verdad relativa: *kun rdzob bden pa*
Vigilancia: *shes bzhin*
Visión (pura): *dag snang*
Visión superior: *lhag mthong*
Yo: *nga*

Glosario

Arhat (*dgra-bcom-pa*): Ser que ha alcanzado la liberación al término de la senda del Pequeño Vehículo.

Aryadeva (*Phags-pa Lha*): Siglo III. El discípulo más famoso de Nagârjuna, del que comentó el pensamiento en numerosos tratados en los que Chandrakîrti reconocerá la verdadera intención del maestro conservada en la tradición prasángika.

Asanga (*Thogs-med*): Uno de los Seis Ornamentos del Mundo. Vivió en el siglo IV de nuestra era. Devoto realizado de Maitreya (*q.v.*). Éste le instruyó sobre la realización progresiva del sentido oculto de los sutras del Gran Vehículo, que Asanga transcribió en sus cinco célebres tratados (*Byams-chod sde-lnga*). Está considerado el fundador de la escuela chittamâtra (*q.v.*).

Bardo (*antarâbhava, bar-do*): Estado intermedio de la muerte, del devenir, del sueño, etc.

Bhâvaviveka (*Legs-ldan-'byed*): Maestro hindú autor del *Collar de Luz del Conocimiento trascendente,* en el que expone los argumentos de la escuela mâdhyamika-svâtantrika, de la que se le considera fundador.

Bodhisatva (*byang-chub sems-dpa'*): Místico que, tras haber pronunciado el voto de la mente de Iluminación suprema, es un seguidor de la vacuidad acompañada de la compasión.

Buddhapâlita (*Sangs-rgyas-bskyangs*): Maestro hindú del mâdhyamika. Autor de un importante comentario sobre el *Tratado fun-*

damental de Nagârjuna, cuyos argumentos sistematizó y por ello se convirtió en el precursor de la escuela prasángica, cuya filosofía es la más sutil y elevada de las cuatro escuelas de pensamiento budistas.

Camino Medio: *Cf.* mâdhyamika.

Chandrakîrti (*Zla-ba grags-pa*): Gran mâdhyamica del siglo VII de nuestra era. Abad o rector de la universidad de Nalanda, se dedicó a elucidar tanto el lenguaje como el sentido del Camino Medio. Retomando las ideas de Buddhapâlita, Chandrakîrti es, propiamente hablando, el fundador de la escuela mâdhyamika-prasángika. Su *Introducción al Camino Medio (Madhyamakâvatâra)* muestra la armonía perfecta de las enseñanzas sobre la vacuidad y la clara luz.

Chittamâtrin (*sems-tsam-pa*): Escuela filosófica del Gran Vehículo para la cual la mente existe realmente, mientras que sus objetos no son más que fantasmas.

Cinco agregados (*pañcaskandha, phung-po lnga*): El cuerpo y el espíritu del individuo: las formas (o la materia), las sensaciones, las percepciones, las composiciones kármicas y las conciencias.

Cinco sendas graduales (*pañcamârga, lam-lnga*): Los cinco «ramales» de la senda que conducen a la verdadera y perfecta Iluminación.

Dharma: Generalmente, las enseñanzas del Buda; pero también, al decir «*los* dharmas» designa: los fenómenos, las realidades.

Dharmakîrti (*Chos-grags*): Siglo VI. Uno de los Seis Ornamentos del Mundo. Oriundo de la India del Sur (Kañci). Instruido por Ishvarasena, que era discípulo de Dingnâga, comentó extensamente la obra de éste.

Dingnâga (*Phyogs-kyi gLang-po*): Nació antes del siglo VI. Uno de los Seis Ornamentos del Mundo, encarna la perfección de la lógica y de la gnoseología (*tshad-ma rig-pa*). Hijo de un rajá, estudió con Vasubandhu. Es el fundador de la tradición gnoseológica budista.

Diez actos negativos (tib. *mi-dge-ba bcu*): Los actos perjudiciales se dividen en tres actos relacionados con el cuerpo: matar, robar y la conducta sexual errónea; cuatro actos vinculados con la palabra: mentir, calumniar, pronunciar palabras violentas y las conversaciones banales; y tres actos relacionados con la mente: la codicia, la malevolencia y las opiniones erróneas.

Dos velos: El velo de las emociones negativas (o «velo emocional» [*kleshâvarana, nyon-sgrib*]) y el velo de la ignorancia (o «velo cognitivo» [*jñeyâvarana, shes-sgrib*]) que empañan la sabiduría primordial.

Iluminado solitario (*pratyekabuddha, rang-sangs-rgyas*): Místico sin maestro que practica en la soledad y sin que nadie lo sepa.

Iluminación (*bodhi, byang-chub*): El fin de todas las impurezas emocionales y cognitivas, y la realización de todas las cualidades.

Jñânagarbha (*Ye-shes snying-po*): Maestro hindú mâdhyamika-svâtantrika de los siglos VII-VIII.

Karma (*las*): El karma no es la causalidad, que pertenece a la naturaleza de las cosas, sino su efecto en relación con la mente, hace referencia más bien a la intención que hay detrás de un acto. El acto bueno produce felicidad; el acto malo, sufrimiento.

Mâdhyamika (*dhu-ma-pa*): O Camino Medio, escuela del Gran Vehículo que admite la unión de las Dos Verdades fundamentales más allá de los extremos del eternalismo y del nihilismo.

Maitreya (*Byams-pa*): Bodhisatva que encarna el amor y la bondad. Por ahora, reside en los cielos de Túsita, de los que descenderá para suceder a Sakiamuni convirtiéndose en el quinto buda de la Buena Era.

Mente de Iluminación (*bodhicitta, byang-chub-kyi sems*): La fuerza espiritual que acompaña el voto de alcanzar la Gran Iluminación para el bien de todos los seres animados, así como la práctica de las virtudes trascendentes que conducen a la Omnisciencia.

Nagârjuna (*kLu-sgrub*): Uno de los Seis Ornamentos del Mundo. En la tradición, el gran maestro nació en una familia de brahmanes del sur de la India, cuatrocientos años después del *parinirvâna* del Buda Sakiamuni. Siendo todavía adolescente alcanzó el conocimiento perfecto del sentido fundamental de los sutras y los tantras. Fue Saraha, el gran ser realizado, quien le dio los votos de monje en la universidad budista de Nalanda. Autor de innumerables tratados sobre el pensamiento último de Buda, principalmente sobre el verdadero sentido del conocimiento trascendente y del Camino Medio, Nagârjuna, sin embargo, no dejó de lado las ciencias médicas, alquímicas ni políticas. Entre sus numerosos discípulos se incluyen sabios realizados como Aryadeva y Buddhapâlita. Constructor de templos y estupas, por lo visto sus actividades fueron ilimitadas. La tradición asegura que vivió seiscientos años (hasta el siglo V de nuestra era). La escuela ñíngmapa del budismo tibetano afirma que vivió hasta el siglo X.

Nirvana (*myang-'das*): Lo que está más allá del sufrimiento.

Omnisciencia (*sarvajñatâ, kun-mkhyen*): Sinónimo de la perfecta Iluminación.

Oyente (*shrâvaka, nyan-thos*): En su sentido más propio, discípulo directo de Buda. Además, los místicos que tras haber escuchado las instrucciones de su maestro, las ponen en práctica y las dan a conocer a los demás.

Prasanga (*thal 'gyur*): Literalmente, «Habrá (ía) un error». Forma de razonamiento que consiste en retomar las tesis extremistas y desarrollarlas con toda lógica hasta sus consecuencias, las cuales se revelan siempre absurdas.

Prasángika (*thal-'gyur-pa*): Los seguidores del prasanga constituyen la escuela más elevada y más radical del mâdhyamika, o Camino Medio.

Producción interdependiente (*pratîtyasamutpâda, rten-'byung*): Compuesta por doce elementos (tib. *rten-'brel*): ignorancia, composición kármica, conciencia, nombre y forma, fuentes de percepción, contacto, sensaciones, «sed», apropiación, devenir, nacimiento, vejez y muerte.

Sakiamuni (*Shâkya thub-pa*): El asceta del clan de los sakias, el Buda llamado «histórico» que vivió alrededor del siglo VI antes de la era cristiana.

Samsara (*'khor-ba*): El ciclo vicioso de muertes y renacimientos.

Sautrântika (*mdo-sde-pa*): Escuela filosófica del Pequeño Vehículo que, refiriéndose a los sutras (y no a sus comentarios), admite la existencia real de la conciencia y de sus objetos.

Sutra (*mdo*): Literalmente, «aforismos», término general que designa los discursos del buda Sakiamuni.

Svâtantrika (*rang-rgyud-pa*): Mâdhyamicas que admiten la existencia objetiva a nivel de la verdad convencional.

Tantra (*gsang-sngags, rgyud*): Texto fundamental del Vehículo de Diamante, o «budismo tántrico»; otra denominación del vehículo cuyas prácticas se basan en la pureza primordial de nuestra verdadera naturaleza; la práctica de la unión extraordinaria de los métodos y del conocimiento. Las prácticas de los tantras se dividen en: 1) *kriyâ,* que enfatiza las actividades rituales; 2) *caryâ,* en el que estas actividades se combinan con el estado natural de la deidad; 3) *yoga,* en el que este estado natural se comparte con la deidad, y 4) *anuttara* («más elevado»), en el que el estado natural de la deidad y el del adepto no han sido nunca dos cosas distintas. El *anuttara* se divide en padre, madre y en ni padre ni madre, es decir, en *mahâ,* que destaca la fase de creación (*q.v.*); *anu,* que destaca la fase de perfección (*q.v.*); y *ati,* o «Gran Perfección» (*rdzogs-pa chen-po*).

Trascendencias (*pâramitâ, pha-rol-tu phyin-pa*): Las seis virtudes trascendentes, es decir, la generosidad, la disciplina, la paciencia, el valor, la concentración y el conocimiento. Estas virtudes son trascendentes en la medida en que el bodhisatva las practica a la luz del conocimiento directo de la vacuidad.

Treinta y siete auxiliares de la Iluminación (*bodhipaksha, byang-*

phyogs sobdun): Las cuatro fijaciones de la atención, las cuatro eliminaciones verdaderas, las cuatro bases de los poderes milagrosos, las cinco facultades puras, las siete ramas de la Iluminación y el Óctuple Sendero.

Vaibhâsika (*bye-brag-tu smra-ba*): Escuela filosófica del Pequeño Vehículo que admite la existencia real de los objetos presentes, pasados y futuros. Su nombre deriva de *vibhâshâ,* término sánscrito que designa las primeras enciclopedias del budismo, en las que se encuentra una sistematización y una discusión dialogadas de todos los temas tratados por el Buda en los sutras.

Vasubandhu (*dbYig-gnyen*): Uno de los Seis Ornamentos del Mundo. Hermano de Asanga y autor del *Tesoro de la Escolástica.* Primero fue discípulo del maestro cachemiriano Sanghabhadra, y más tarde abandonó el pensamiento del Pequeño Vehículo para ingresar en la escuela de su hermano, y en especial para seguir el chittamâtra. Entre sus discípulos se encuentran grandes eruditos, como el lógico Dingnâga o el escolástico Sthiramati.

Vehículo (*yâna, theg-pa*): Conjunto de métodos que permiten seguir la senda, es decir, practicar.

EL VIAJE INTERIOR

Títulos publicados:

1. **El viaje a Oriente** - *Hermann Hesse*
2. **Amar y vivir** - *Thomas Merton*
3. **Los Diez Pilares del budismo** - *Sangharakshita*
4. **Reflexiones sobre Oriente** - *Thomas Merton*
5. **Gandhi y la no-violencia** - *Thomas Merton*
6. **Conviértete en lo que eres** - *Alan Watts*
7. **El Tao de la vida cotidiana** - *Hua-Ching Ni*
8. **La sabiduría de la no-evasión** - *Pema Chödrön*
9. **El camino es la meta** - *Chögyam Trungpa*
10. **Las enseñanzas del yoga** - *Georg Feuerstein*
11. **Las enseñanzas del zen** - *Thomas Cleary*
12. **Enseñanzas sobre el amor** *Thich Nhat Hanh*
13. **Las enseñanzas de los místicos cristianos** - *Andrew Harvey*
14. **Cómo iniciarse en la meditación** - *J. Donald Walters*
15. **La esencia de la autorrealización** - *P. Yogananda (compilado por Kriyananda)*
16. **Sintiendo la paz** - *Thich Nhat Hanh*
17. **Leer la Biblia** - *Thomas Merton*
18. **Introducción al budismo tibetano** - *Sangharákshita*
19. **El corazón del mundo** - *Sharon Salzberg*
20. **La esencia del amor** - *Thich Nhat Hanh*
21. **La morada de la paz** - *Rabindranath Tagore*
22. **Dos semanas en Alaska** - *Thomas Merton*
23. **El cuenco de madera** - *Clark Strand*
24. **La leyenda del rey indio y otros relatos iniciáticos** - *Hermann Hesse*
25. **Pacificar la mente** - *Dalai Lama*